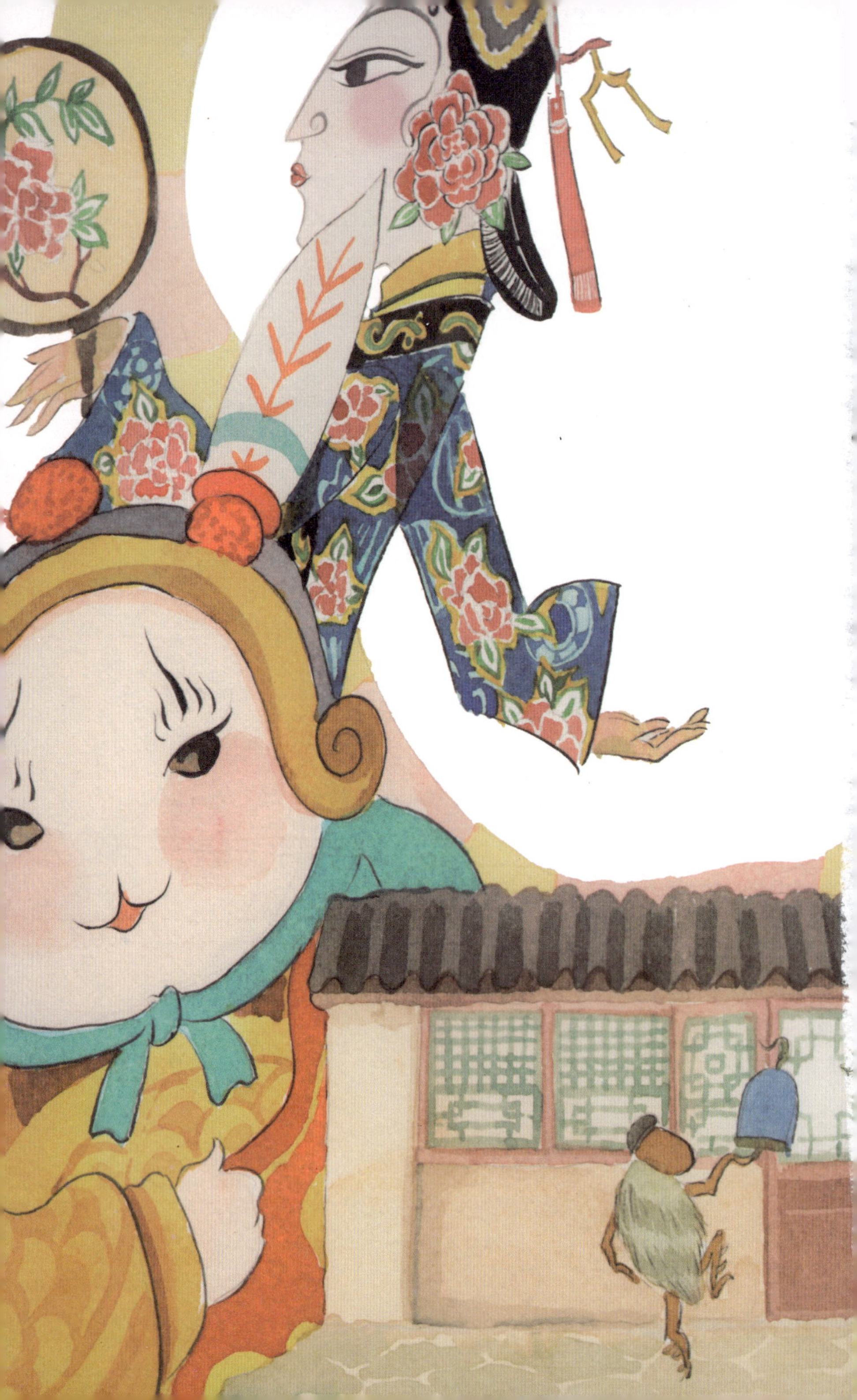

画给孩子的
老北京
趣闻与传说

· 民俗风物 ·

张卉妍 / 编著

北京燕山出版社
BEIJING YANSHAN PRESS

图书在版编目（CIP）数据

民俗风物 / 张卉妍编著 . -- 北京：北京燕山出版社，2023.2
（画给孩子的老北京趣闻与传说）
ISBN 978-7-5402-6679-0

Ⅰ．①民… Ⅱ．①张… Ⅲ．①风俗习惯 – 北京 – 儿童读物 Ⅳ．① K892.41-49

中国版本图书馆 CIP 数据核字（2022）第 181026 号

画给孩子的老北京趣闻与传说·民俗风物

编　　著	张卉妍
责任编辑	王长民
助理编辑	赵满仓
封面设计	韩　立
插图绘制	傅　晓
出版发行	北京燕山出版社有限公司
社　　址	北京市西城区椿树街道琉璃厂西街 20 号
邮　　编	100052
电话传真	86-10-65240430（总编室）
印　　刷	河北松源印刷有限公司
开　　本	880mm×1230mm　1/32
字　　数	180 千字
总印张	16
版　　次	2023 年 2 月第 1 版
印　　次	2023 年 2 月第 1 次印刷
定　　价	148.00 元（全 4 册）

发 行 部　010-58815874
传　　真　010-58815857

如果发现印装质量问题，影响阅读，请与印刷厂联系调换。

前言

北京是一座有着三千多年历史的文化古城，是六大古都之一。在浩瀚的历史长河中，北京这座城里发生了太多的趣闻，流传着太多的传说。城门牌楼、王府民居、胡同坊巷、塔庙寺院……北京的每寸土地、每个角落几乎都承载着很多关于衣食住行、拼搏奋斗、喜怒哀乐、亲情友情的传奇故事。

北京是一座有故事的城，是一本让人品不够的书，是一座承载传奇的文化宝库——燕、前燕、大燕、辽、金、元、明、清八个朝代的相继定都成就了她历史的厚重；什刹海、大栅栏、王府井、八王坟等地的繁华热闹成就了她的宜居宜玩；颐和园的传说、雍和宫的趣闻、八大处的善缘成就了她的多姿多彩……北京，有太灿烂的文明、太辉煌的历史、太复杂的往事、太丰富的内涵，等着人去发现、欣赏、回味。

在这套书里，我们从老北京的历史典故、地名由来、名胜古迹、皇城内史、风味饮食、民间风俗、商业传奇等方面对老北京的前尘往事进行了详细而有趣的介绍，寓教于乐，力争用朴实、轻松的语言将各种趣闻传说娓娓道来，让孩子们在一种轻松的阅读氛围中，既能对老北京的风土人情有个清晰了解，又能愉悦身心。

我们不得不承认，如今，老北京的很多东西都已经随着岁月的更迭，消逝或者正在消逝，这是无法更改的事实，也是时代的必然：许多胡同正随着高楼大厦的耸立而成片成片地倒下，许多昔日走街串巷吆喝叫卖的"磨剪子嘞，戗菜刀"正悄然没了声响，许多老北京人独特的方言俚语正被新潮的网络语言所代替，许多朴实温暖的婚丧嫁娶习俗正在默默地被简化——这一切满含京味的事物的逐渐消亡，我们在扼腕叹息的同时，也希望能够通过本套书来回味一下曾经的北京。

目录

民俗风物

老北京过春节的传统习俗有什么　/02

老北京关于"春联"都有哪些讲究　/11

关于"二十四,扫房子"的说法和门道　/17

老北京人买年货都买什么　/20

老北京"拜年"的门道有哪些　/24

"破五"这天除了吃饺子之外还有哪些习俗　/29

老北京元宵节的习俗 /35
细说老北京"二月二,龙抬头"的习俗和谚语 /41
老北京人怎么过端午节 /48
老北京中秋节的习俗 /55
老北京重阳节的习俗 /61
京菜为何没有进八大菜系 /69

老北京人夏天都吃什么 /72

老北京口中的"吃秋"是怎么回事儿 /75

玉米粥是怎么进入御膳房食谱的 /80

你了解老北京"杂拌儿"都有啥吗 /84

焦圈儿的故事 /88

炒肝儿的由来 /90

卤煮火烧的由来　/92

豆汁的由来　/95

小窝头的由来　/100

茶汤的由来　/104

酸梅汤的由来　/107

涮羊肉的由来　/110

老北京的民俗玩意儿　/114

民俗风物

老北京过春节
的传统习俗有什么

日落月升，斗转星移，回首往昔，历史为我们留下了太多的系念和玄想，而这"岁时礼俗"就是其中之一。比如，春节习俗成了我国最大的传统民俗节日。春节指的是农历的正月初一，预示着万物复苏、春天降临、新年开

始。所以这个节日向来是中国人最为重视的节日，是最隆重、年事活动最丰富多彩、持续时间也最长的一个民俗节日。在早年的传统中，它从腊月就拉开了序幕，直到元宵节还余声未断，几乎占去了农历腊月和正月的一大半。足见它在中国老百姓心中的分量。

中国老百姓过春节的历史非常久远。据说从夏朝的时候就有这个节日了，那时我们的祖先把农历的正月初一定为一年的岁首。及至西周时期，出现了一年一度欢庆农业丰收的活动。在新旧岁时交替之际，平民百姓都要在家中生火烧暖房子和炕头，用烟熏走老鼠，杀鸡宰羊，全家人团聚在一起，祝酒共贺。及至汉代，将此日定为农历年，并称作夏历年，从此便世代相传延续到今天。也是在汉代，春节的庆贺礼仪才有了正式的仪式，在除夕之夜，民众要举行一种击鼓驱鬼除瘟的舞蹈仪式。但是在那时候，春节并非今天这个名字，而是被称为"元日""元旦"。后来在辛亥革命时期，我国开始施行公历纪年法,才把正月初一正式定名为"春节"。

老北京作为古都,在政治、经济、文化及礼仪等方面深受帝王将相等的影响,所以其关于春节的民俗习情有着独特的个性。就北京地区来说,从腊月初八家家户户要泡腊八醋(蒜),就开始有了"年味儿"。民谣讲:"老太太别心烦,过了腊八就是年。腊八粥,喝几天,哩哩啦啦二十三……"腊月二十三又称"小年"。有一首歌谣唱道:"糖瓜祭灶,新年来到,丫头要花,小子要炮……"从这一天开始,北京人更加忙活了,要祭灶,扫房子,蒸馒头,置办年货,贴"福"字,贴年画,剪窗花,贴春联,贴门神,贴挂钱,一直忙活到除夕,开始过大年。

具体来说,老北京人过春节都有哪些传统习俗呢?

(1)大年三十贴春联、上供、"踩岁"。旧历腊月三十日为除夕,俗称大年三十,人们送旧迎新的主要活动都集中在这天进行。为了点缀应景,烘托"纳福迎新"的气氛,家家户户都要贴春联,用红纸写上吉利话,还要贴门神、贴挂钱等。贴完后鞭炮齐鸣,非常热闹!除此之外还要供佛龛、神像,祖宗牌位前摆上九堂大供,家境一般的也要摆三堂或五堂供品。家宅六神,如灶王、财神、土地等都要上供、烧香。因灶王爷腊月二十三日焚化升天去了,这天要请一张新的灶王爷像贴上,以便来年奉祀"保平安"。除此之外还要在院子里铺满松枝、芝麻秸等,名为"踩岁",取岁岁平安之寓意。

(2)吃年夜饭。除夕的晚上,无论是当官的、做工的都要早点儿回家过年。哪怕远在千里之外的游子,也要赶回家来团圆,合家欢聚已是中华民族传统习惯。掌灯时分,各家各户的人们准备吃年夜饭。老北京人除夕晚上的年夜饭也称团圆饭,是必不可少的,也是全年最丰盛的一次家宴。除夕的年夜饭要有荤有素,有冷荤、大碗儿和清口菜。冷荤有冷炖猪、羊肉,冷炖鸡、鸭。大件有:红烧肉、扣肉、米粉肉、红白丸子、四喜

丸子。清口菜一般有豆腐、白菜等。主食多以荤素水饺为主。供奉祖宗牌位的还要在供桌前供上一碗"年夜饭",在饭上插上松枝,在松枝上挂上铜钱,小纸元宝等,宛如一棵摇钱树。刚解放时老北京还残留着一些封建民俗,吃饭之前先要请财神,接灶王。人们摆上供品,燃香点蜡,以求福寿平安生活美满。然后,在阵阵爆竹声中,家人开始吃团圆饭。除夕晚饭家人要齐,所谓"团圆饭"。菜饭尽可能丰富些,预示来年丰衣足食,席间要多说彼此祝愿的话,充满欢乐气氛,这顿饭可以慢慢吃,有的一直吃到深夜,接下来"守岁"。

(3)守岁。老北京人有除夕守岁的风俗,饭后至

夜间接神、拜年之前不能就寝，要"守岁"至次日凌晨。守岁最早起源于晋代，主要包含两层意思，年岁大的是在辞旧之际有珍惜时光之意，年轻人守岁则有为父母延寿之意，所以凡是父母健在的人都必须守岁。

（4）吃饺子。老北京人在除夕夜和大年初一这天都要吃饺子，取其"更岁交子之义"。老北京人喜欢把饺子包成元宝形，在饺子中放进糖、铜钱等。如吃到糖的，意味着日后生活甜蜜；吃到铜钱意味着有钱花；吃到花生意味着长寿……这样，一大家子人都会乐开了花。

（5）放鞭炮。大年初一天还没有亮时，老百姓起来后的第一件事就是放鞭炮，取"迎新年，驱邪气"之意。

（6）拜年。老北京有一句话非常流行，那就是"大年初一满街走"，这句讲的是什么呢？讲的就是老百姓大年初一拜年的事儿。拜年一般从家里先开始，全家

要先在祖宗牌位前磕头拜年，然后晚辈再给长辈磕头拜年，祝福长辈健康长寿。长辈受拜后，要将事先准备好的压岁钱分给晚辈。给压岁钱的习俗起于清代，为的是体现长辈对晚辈的慈爱之情。家里的拜年活动结束后，还要出门去拜年串邻居，互相说些吉利话。

（7）串亲访友。初一到初五，老北京人会串亲访友、请客送礼、逛庙会、逛厂甸。到了初五也就是北京人口中的"破五"那天，百姓"送穷"、商人"开市"。

（8）娱乐活动频繁。在老北京，每逢春节的正月初一到十五，是文化娱乐活动最频繁、最火热的时段。那时候，京城里的戏园子会人满为患。八大庙会也盛况空前、游人不断，而且各个庙会都有独特的地方。西郊的大钟寺庙会，人们敲永乐大钟，用钟声迎接新岁的来临；白云观庙会，可以摸石猴、打金钱眼，用娱乐活动寄托对来年美好生活的希冀与憧憬。除此之外还有很多走街串巷的高跷会、小车会。可以说，那些天整个京城都弥漫在一片欢乐、祥和的氛围里。

每个老北京人的心目中，都有一份对春节的念想。春节作为一种传统的民俗文化，蕴含着家人团聚的温馨、辞旧迎新的喜悦，已经扎根于老北京人的心里。也正因为这份绵延不断的念想，春节这个传统的节日才能延续两千多年至今，相信它还会继续在京城延续下去，给北京人带来欢乐和幸福。

老北京关于"春联"都有哪些讲究

"新年新月共新春,花红对联贴满门。"每逢春节时张贴春联是老北京民间传统习俗,几乎家家都忘不了往大门上贴一副春联。在爆竹声中,家家户户的人儿喜笑颜开地相互簇拥着,把大红纸写成的春联贴到门框上或门心里。一幅、两幅、三幅……不一会儿,大街小巷里就贴满了喜庆的春联。春联不仅美化了北京这座古城,还为老北京人带来了喜气和春意。

春联,也被称为"门对""春贴",是对联的一种,因在春节时张贴,所以被称为"春联"。春联是一种在春节时使用的传统装饰物,它以工整、对偶、简洁、精巧的文字描绘时代,抒发美好愿望,是中国的文学形式。每逢春节,人们都会贴春贴,以增加节日的喜庆气氛。

说起春联的历史,还很久远呢。据说最早起源于古代的桃符。什么是桃符呢?据《后汉书·礼仪志》

所载，桃符长六寸，宽三寸，桃木板上书降鬼大神"神荼""郁垒"的名字。"正月一日，造桃符著户，名仙木，百鬼所畏。"具体是指，在古代的神话传说里，东海的度朔山有大桃树，在大桃树的下面生活着两位神仙，分别是神荼和郁垒。这二位神仙神通广大，能辟百鬼。老百姓便认为桃木能够帮助驱鬼，人们将桃木制成两块木板，左边一块绘上神荼的像，右边一块绘上郁垒的像，绘有二位神像的桃木板就是"桃符"。每逢过年的时候，老百姓就将这两块桃符放在家门口两边，用来驱鬼辟邪。

　　对此，清朝的《燕京时岁记》也曾经有记载："春联者，即桃符也。"

　　及至五代十国时期，当时的宫廷里流行在桃符上题写联语。《宋史·蜀世家》记载：后蜀主孟昶令学士辛寅逊题桃木板，"以其非工，自命笔题云：'新年纳余庆，嘉节号长春'"，据说这便是中国的第一副春联。由此可知，在这个时候，桃符就是我们日后所说

的春联。

　　一直到宋代前期，春联都被称为"桃符"。我国著名的诗人王安石就曾经在诗中提到过桃符，诗曰："千门万户曈曈日，总把新桃换旧符"。但是在宋朝的中晚期，"春联"这个名称渐渐地叫开了。名称的改变主要是源于用材的变化——由桃木板改为纸张。随着纸桃符的流行，桃符渐渐地称为"春联"了。

到了明代,民间贴春联之风已很盛。据说春联的流行还得益于明太祖朱元璋的大力提倡呢!据史书记载,朱元璋酷爱对联,不仅自己挥毫书写,还常常鼓励臣子书写。他在金陵(今天的南京)定都后,在一年的除夕前下了一道谕旨:"公卿士庶家,门上须加春联一副。"第二天,朱元璋开始微服私访,在城内观赏各家对联,以为娱乐。后来他发现有一家的门上没有贴春联,过去一问才知,原来这家主人是个屠夫,他不会写字,还没有来得及请人代写。朱元璋听后,立即叫侍从取来文房四宝,当场为这家书写了春联。朱元璋此举被后人传为佳话。在朱元璋的影响下,当时的文人墨客也把题联作对当成文雅的乐事,写春联便成为一时的社会风尚,一直延续到现在。

在老北京人的心目中,春联不仅是节日的装饰,也是人们对未来的寄托,对新春的祝福。以前,还兼有打广告的作用呢!那时候,各个行业都会想办法利用春联来招揽顾客并宣传自家的生意。由于店铺经营内容的不同,其春联的内容也会有不同,如药铺常用的春联是"调剂有方俾相业,虔修有法体天心",绸缎庄常用的春联是"此中多锦绣，以外无经纶"，粮店常用的春联是"风雨调合岁月，稻粮狼藉丰年"，酒店常用的春联是"香闻十里春无价，醉卖三杯梦亦甜"……这些春联无不表达了大家对美好未来的寄托和向往。

按照各地习俗的不同，贴春联的方法也稍有差异。这里介绍一下老北京贴春联的讲究。

选择上是有讲究的。老北京人认为，要根据场地、爱好和主人身份的不同而选择不同的联语，如老年人住的屋子要选择张贴那些带有"福禄寿"词语的春联，小孩子住的屋子要选择张贴那些带有"学习、成才"等字眼的春联，而夫妻住的屋子要选择张贴那些带有"恩爱、和睦"等字眼的春联……院子里的大树须贴上类似"树大根深"字眼的春联，院子里的墙面须贴上类似"春光明媚"字眼的春联，家里靠炕的墙上须贴上类似"幸福健康"字眼的春联，厨房里须贴上类似"勤俭节约"字眼的春联等等。

关于"二十四,扫房子"的说法和门道

在老北京城,流传着这样一句民谚,那就是:"二十四,扫房子。"意思就是在腊月的二十四日这天,京城的家家户户都要清扫房屋,为迎接过年做准备。

从古至今,老北京民间一直沿袭着腊月二十四这天"扫房"的习俗,腊月二十四这天也因此称为"扫房日"。这天,或者这天的附近几天里,家家户户都要打扫房屋,清洗各种器具,拆洗被褥窗帘,洒扫庭院,掸拂尘垢蛛网,疏浚明渠暗沟。整个北京城各处都洋溢着欢欢喜喜搞卫生、干干净净迎新春的气氛。

为什么要有"扫房日"呢?主要是因为平时大家工作都非

常忙，几乎没什么时间进行家庭大扫除。一年下来，房子难免会落下灰尘。另一方面，按照老北京人的说法，"尘"与"陈"谐音，在农历正月新年前，扫去家中的一切尘土，意味着去除旧一年的陈旧东西，把不好的"穷运""晦气"统统扫出门，以此来迎接新的一年。这一习俗充分寄托了人们破旧立新的美好愿望和辞旧迎新的热切祈求。

其实，关于春节扫房子的习俗，有着悠久的历史。据史料记载，远在尧舜时代，人们就有这种年终扫除的习惯了。《吕氏春秋注》中说："岁除日，击鼓驱疠疫鬼，谓之逐除。"这种岁末大扫除还有驱除疫病的含义。

春节扫房子的习俗在唐宋时期非常盛行，宋人吴自牧在其所著的《梦粱录》中说："十二月尽……士庶家不论大小，俱洒扫门闾，去尘秽，净庭户……以祈新岁之安。"《清嘉录》卷十二也有这样的记载："腊将残，择宪书宜扫舍宇日，去庭户尘秽。或有在二十三日、二十四日及二十七日者，俗呼'打尘埃'。"由此可见，腊月二十四"扫房日"其历史之悠久。

如今，"二十四，扫房子"的习俗依然存在，但形式上有了很多变化。在以前的腊月二十四这天，是家家户户的"家庭卫生日"：全家老小都会行动起来，拿扫帚的拿扫帚，拿鸡毛掸子的拿鸡毛掸子，集中力量"大扫除"。如今，随着小家庭的普及，更多的是一家三口在自己的小家里打扫打扫，没有了以前那种大家庭"七八口人全上阵"的热闹。

令人欣慰的是，不管扫房子的形式发生了什么变化，但是"二十四，扫房子"这一约定俗成的习俗仍在北京城传承着。这也可以说人们沿袭的是中华民族一种抹不去的过年情结。

老北京人买年货都买什么

古时候,老百姓喜欢把过年和庆丰收联系在一起,所以上至官府下至百姓都对过年非常看重。北京作为古都,对过年的情结更浓,讲究更多。

《京都风俗志》云:"十五日以后,市中卖年货者,星罗棋布。"北京年货种类之多是全国各地都比不了的。

但都说北京年货种类多,到底是哪种多法呢?

老北京曾经流行一个民谣,即:"糖瓜祭灶,新年来到,姑娘要花,小子要炮,老太太要新布衫,老头儿要顶新毡帽。"《春明采风志》也有这样的记载:"琉璃、铁丝、油彩、转沙、碰丝、走马、风筝、鞭毛、口琴、纸牌、拈圆棋、升官图、江米人、太平鼓、响葫芦、琉璃喇叭,率皆童玩之物也,买办一切,谓之忙年。"上述资料中所提及的年货种类固然不少,但还遗漏了很多重要的种类,如家家都要买的爆竹等。

老北京人买年货都买些什么呢?老北京备年货一进腊月门儿就开始了,首先是准备熬"腊八粥"时用的腊

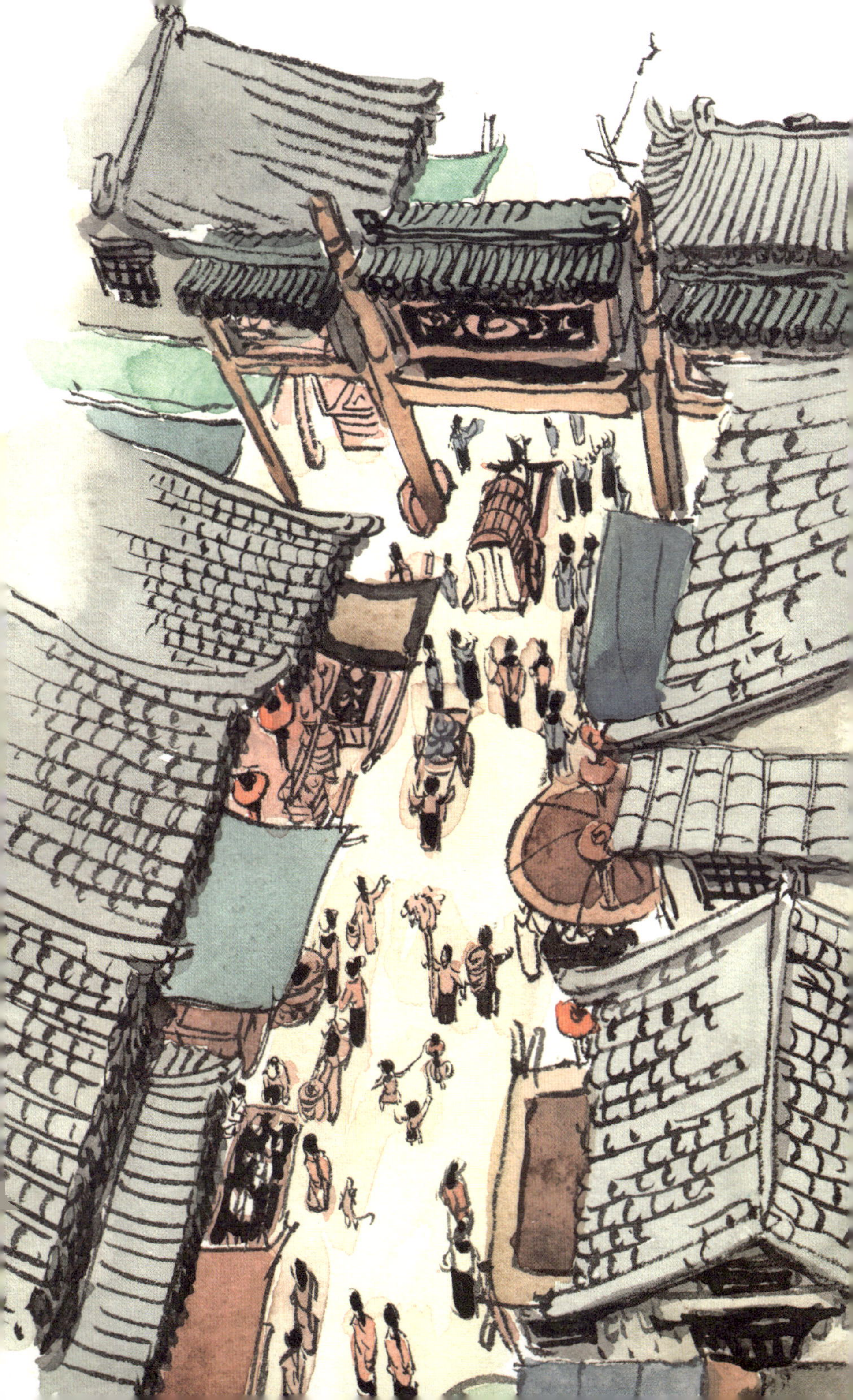

八米及泡"腊八醋"用的米醋及大蒜；腊月二十三要买"祭灶"用的关东糖；接着开始备猪肉、羊肉、鸡鸭、猪头。一些家庭则喜欢买野兔、山鸡、活鱼、冻鱼。除此之外，还有很多很多。

吃喝食品。吃喝食品是年货中的重头戏，一方面是因为旧时候不像现在生活水平高，那时候的人们肚里油水少，全盼着年节改善；另一方面是因为过年到"破五"前，大部分商店都不开业，不备足吃喝万万不可。所以，老北京人最爱备的就是各种吃食，如鸡鸭鱼肉、年糕糖果、炒瓜子、炒花生等。

穿戴用品。过去，小孩子最盼的就是过春节了，因为在这个时候可以穿上新衣服，戴上新帽子。对成年人来说也是如此。所以老北京人的必备年货之一就是穿戴用品了。即便是那些经济不好的人家，买不起新衣服，也会通过以旧改新的方式，让家人在过年时换上"新"衣服。过年时,妇女们都爱戴绒花。绒花、绢花是节日里供妇女佩戴的。绒花有福寿字的、双喜字的、聚宝盆和蝙蝠形式的,均为全红色,配上小片金纸的装饰。还有用于供花的纸制红石榴花(也有老年妇女把它戴在头上)。

年画、春联、元宝。过年了,老北京人还会买年画、春联、元宝这三样东西。元宝是一种民间手工艺品,一根钎子上糊有两片金纸叶子,状如元宝,过年时插在黄白年糕上当供花用;早些年,年画大部分都是木版水彩印刷的,分为着色、套色两种,内容多为象征福、禄、寿、禧,吉庆有余,平安如意;春联是几乎家家户户都要买的。临近春节,集市上到处可见摆卖年画的摊子,经营此业的大体上有两种人:一是学堂里的塾师和学生;二是一些赋闲的文人。

一进腊月,北京城的大部分街道都拥挤不堪,里头挤满了置办年货的人,但各种东西的价格也都涨了不少,商人趁机做一笔好生意,所以民间有"腊月水土贵三分"的说法。但不管年货的价格是涨了还是跌了,不变的依然是老北京人置办年货时的那种喜气。

老北京"拜年"的门道有哪些

拜年是北京城的传统习俗,是老北京人辞旧迎新、相互表达美好祝愿的一种方式。时代发展、科技进步,拜年的"包装"日渐更新换代,但是,老北京人过年的传统、拜年的习俗和在这传统与习俗中蕴含的对亲友的祝福、对新年的期望,并未随着公元纪年数字的增加而减少、淡化。

据说,"拜年"习俗的产生与一个传说故事有关。相传在很久很久以前,有一个怪兽,它的名字叫作"年",它每逢腊月三十的晚上都会出来吃人,将老百姓弄得人心惶惶。后来,老百姓为了安抚它,想出了一个办法,就是在每年的腊月三十晚上,便备些肉食放在自家门外,然后把大门关上,躲在家里,直到初一早晨,"年"饱餐之后扬长而去,大家才开门相见,作揖道喜,互相祝贺未被"年"吃掉。久而久之,这种习俗流传开来,称为"拜年",一直流传到了现在。

说起拜年的历史,还很久远呢!

据说，拜年之风，汉代的时候就已经有了，唐宋时期比较盛行。据史料记载，在宋朝时期，还衍生出了"飞帖"这一重要的拜年方式。所谓"飞帖"，主要是指倘若坊邻亲朋太多，自己难以亲自登门遍访，就派仆人拿一种用梅花笺裁成的二寸宽三寸长，上面写有受贺人姓名、住址和恭贺话语的卡片前往代为拜年。这种拜年方式被称为"飞帖"。所以，那时候家家门前都会贴上一个红纸袋，上面书写"接福"二字，专门用来盛放飞帖。对此，宋人周辉在其所著的《清波杂志》中就曾经有描述："宋元祐年间，新年贺节，往往使用佣仆持名刺代往。"如今逢年过节比较流行的赠送贺年片、贺年卡，就是这种古代互送飞帖的遗风。从保护自然资源出发，现在虚拟拜年也开始大行其道了。

在旧京，老北京人拜年都有哪些讲究呢？

（1）遵循合理的拜年顺序，即先近后远。

第一是先从家里的长辈开始，大年初一早起后，晚辈要向长辈拜年，施礼时要从辈分最高的开始。长辈受拜后，要将事先准备好的压岁钱分给晚辈。

第二是在给家中长辈拜完年以后，接着就应该外出向本家亲戚拜年了。其中，初一或者初二必须到岳父母家，并须带礼物，一般要逗留、吃饭。

第三是礼节性的拜访，如给同事、朋友拜年。到同事、朋友家拜年，一般不宜久坐，寒暄问候几句便可告辞。主人受拜后，应择日回拜。

第四是串门式的拜访。对于左邻右舍，拜年的方式比较简单，进院门见面后彼此一抱拳，随声说道恭喜发财、万事如意，然后到屋里稍坐一会儿而已。无甚过多礼节，意思到了即可。

（2）到亲朋家拜年，必须带礼物。到亲朋好友家拜年，是不能空手去的，必须要备有礼物。礼物中不能缺的是点心匣子和糙细杂拌儿。点心匣子，富裕的人家一般送蒲包装的，上面铺一层油纸和红纸，里面装的是大小八件，分两包提着。穷人家一般会送纸盒装的，里面装一些槽子糕、馒头什么的，但无论里面东西多少，

上面那一层红纸是不能少了的。糙杂拌儿指的是花生、瓜子、核桃蘸之类的坚果,细杂拌儿指的是北京蜜饯、果脯等。

(3)拜年仪式有学问。老北京人拜年的通常仪式是:一为叩拜,主要是晚辈向长辈叩拜,在叩拜的时候要跪拜磕头;二为躬身作揖,主要是晚辈向长辈拜年用。先是双手抱拳前举,然后用左手握右手,俗称吉拜。行礼的时候不分尊卑,拱手齐眉,上下加重摇动几

民俗风物

下,重礼可作揖后鞠躬;三为抱拳拱手,主要是平辈人之间拜年用。先是以左手抱右手,自然抱合,松紧适度,然后再拱手,自然于胸前微微晃动,不宜过烈、过高;四为万福,主要是妇女拜年时用。右手覆左手,半握拳,附于右侧腰肋间,上下微晃数下,双膝微微下蹲,有时边行礼边口称万福。五为鞠躬。这种拜年方式既可以晚辈给长辈拜年时用,也可以平辈人拜年时用,还可以男女相互拜年时用。

(4)拜年礼节。旧时,老北京人拜年比较讲究这样的礼节,即到人家拜年,首先要冲着佛像、祖宗牌位和长辈三叩头,然后才是相互作揖拜年。

拜年既是一种老礼儿,也是一种人情。中国文化推崇含蓄,有些平日不便表达或不好意思表达的情感,均可借拜年之机抒发一下。人们抱抱拳、拱拱手、道一句"给您拜年",一切都很简单,事实上却是一种仪式。在这种简单的仪式中,平日里的误会、不满化作祝福、赞美,使得人与人之间的距离被拉近、整个社会的氛围更和谐。

"破五"这天除了吃饺子之外还有哪些习俗

农历正月初五,老北京人又称之为"破五",是春节后的一个重要的节日。

关于"破五"的来历,民间有很多种说法。

第一种说法是为送祖宗而设。老北京人认为,除夕夜是要把祖宗请回来一道过节的。怎么请呢?方法就是在堂屋的正中高挂祖宗的牌位,烧上香供上贡品。而到了初五那天,老祖宗在家里也待了几天,好吃的好玩的都尝了个遍,所以要将他们送"回去"了。他们回去也不能空手回去呀!所以在这一天老北京人都要烧香、烧纸钱、摆宴席、放鞭炮、吃饺子,让祖宗们风风光光、满载而归。

第二种说法与姜子牙的老婆有关。相传,姜子牙在封神的时候,将自己的老婆封为了"穷神",并令她"见破即归"。在神话传说中,姜子牙的老婆是一个非常令人讨厌的角色,她背叛了自己的丈夫。被丈夫封为穷神后,她就更加惹人厌恶了。人们为了躲避她,就一致商议在初五

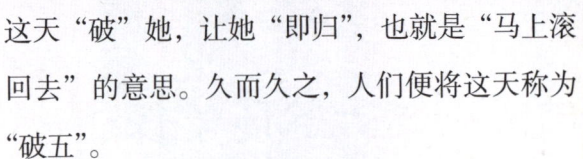

这天"破"她,让她"即归",也就是"马上滚回去"的意思。久而久之,人们便将这天称为"破五"。

第三种说法也和姜子牙的老婆有关,但故事内容不一样。据说,大年三十这天请神的时候,漏掉了脏神也就是姜子牙的老婆。姜子牙的老婆可是个不好惹的人,她非常生气,便找弥勒佛闹事。弥勒佛只是满脸堆笑,并不说什么,把这脏神气

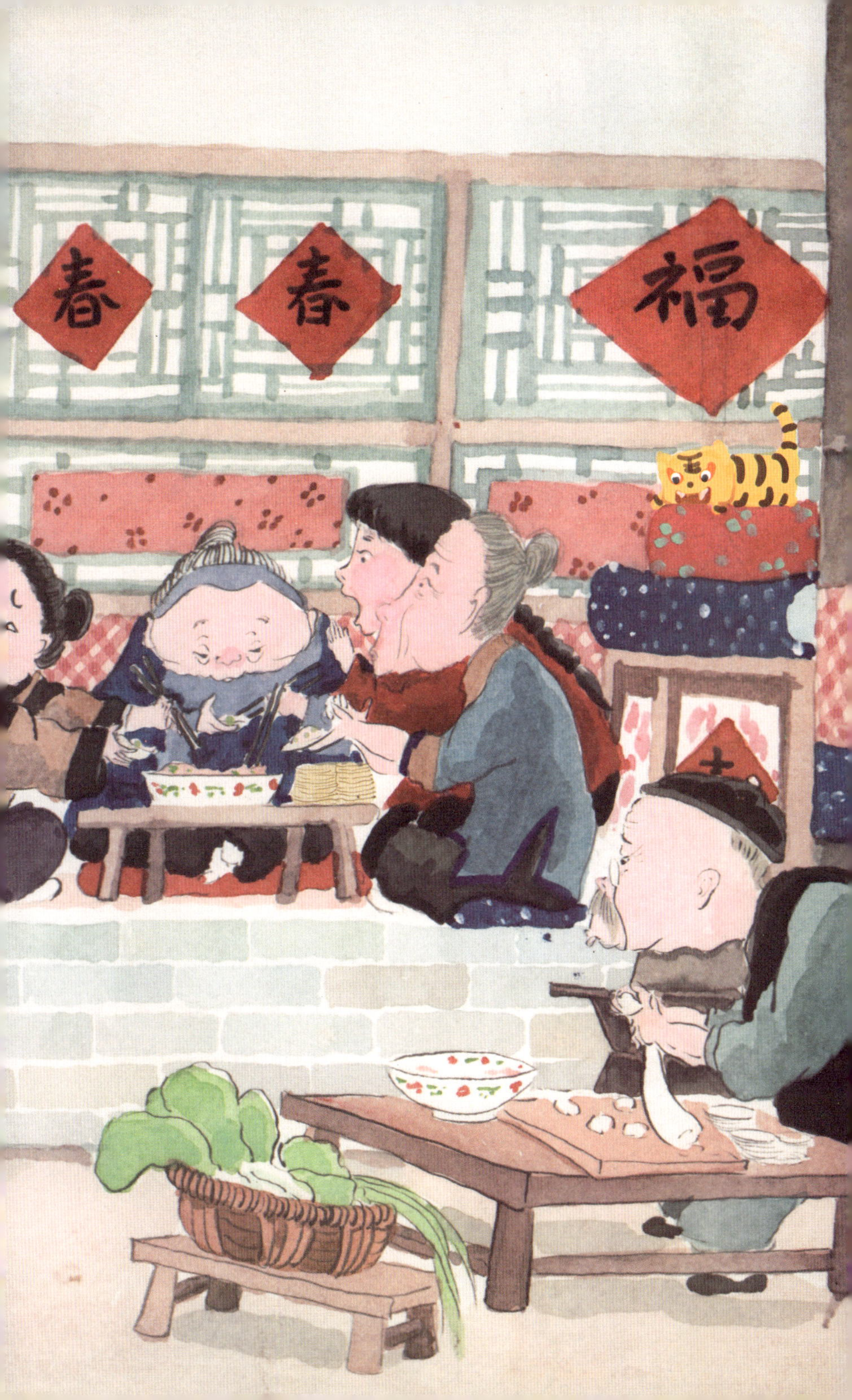
春
春
福

得一顿叫嚷。眼见事情闹得越来越大，弥勒佛这才开口了，他说："为了挽回你的面子，你看这样行不行？就是在初五的那天，让民间的老百姓们再为你放几个炮，包一次饺子，破费一次吧！"脏神听了，也只能这样了，便什么也没说就走了。后来，民间便有了初五这天放炮、吃饺子的习俗，俗称"破五"。

第四种说法是初五是财神爷的生日。财神爷人人都喜欢，它的生日据说就是在初五这天。民间的老百姓为了庆贺财神爷的生日，在这天放炮、设宴、吃饺子，还组织各种娱乐活动，以此为财神爷贺寿，寓意是迎接财神爷的到来。

关于破五，老北京城有很多有趣的习俗和忌讳。

习俗一：吃饺子。这天，民间通行的食俗是吃饺子。"破五"吃饺子包含四重意思，第一是吃饺子又被俗称为"捏小人嘴"，据说这样可免除谗言之祸；第二种是吃饺子承载了老北京人的新春期盼，那就是在新的一年里，不辞劳苦勤勤恳恳便能过上好日子；第三种是初五是牛日，休息四天以后破土动工，预示着咱们春耕即将开始了；第四种是初一到初四，一般是吃素的地方多，初五开始可以破素吃荤了。老北京在吃饺子上还有讲究呢！那就是"破五"吃的饺子馅儿必须是肉馅儿，而且还必须是自家剁的，这样预示着自家的来年一切顺利，将不顺的东西都给剁没了。

习俗二：送穷。这一天要"破"穷神，让她"即归"，所以老北京民间有"送穷"的习俗，这是我国古代民间特有的一种岁时风俗。怎么个"送"法呢？主要是在这天，家家户户在黎明的时候就要起来放鞭炮、打扫卫生。鞭炮从每间房屋里往外头放，边放边往门外走。意思是将一切不吉利的东西、一切妖魔鬼怪都轰将出去，让它们离家远远的。另外，由于从大年除夕夜到正月初五以前，是不允许打扫卫生的，要扫也只能在屋里扫，垃圾放在屋内的门口拐角处。而到初五这天则需要进行彻底的大扫除了，将垃圾扫出大门后，堆成一堆，将点燃的鞭炮扔到垃圾堆上，待一阵"噼里啪啦"的鞭炮声响后，送穷仪式就算结束了。

习俗三：开市。按照老北京的春节习惯，从大年初一开始，各大小店铺都要关门了，直到正月初五才开始营业。为什么选在初五这天呢？据说主要是因为初五这天是财神爷的生日，选择这一天开市比较吉利，预示着生意兴隆、财源滚滚。

老北京趣闻与传说

老北京元宵节的习俗

在旧时候，每逢元宵节，北京城可谓万人空巷，无论是达官显贵还是平民百姓，无论是书生学士还是老人小孩，一概上街观灯。各个店铺均自发地挂出各种花灯，有的还挂出灯谜，猜中的奖赏一些鲜果、小吃等物。那几天酒肆茶楼和其他娱乐场所的生意也都很红火，整个京城，街上院内，到处张灯结彩犹如白昼，热闹非凡。

说起老北京人庆祝元宵节的风俗，可谓形式众多。

赏灯。要说老北京的元宵节，最重要的活动当然是赏灯。京城赏灯的历史非常悠久，据史料记载，明朝时期，北京城就非常流行元宵夜赏灯。那时的灯市多集中在东城的灯市口。元宵之夜，街道两旁的店铺，个个都张挂着各式各样的花灯，有绢纱、烧珠、明角制成的，也有麦秸、通草制成的，上面绘有古代传说故事，如列国、三国、西游、封神、水浒等，或花卉如兰、菊、梅、竹等，或飞禽走兽如鸾、凤、龙、虎、虫、鱼等，不仅形态逼真，还颜色靓丽，引得众多游人观赏。清朝的时候，灯市遍布整个北京城，其中最繁华、规模最大者有东四牌楼、西四牌楼、地安门、鼓楼、正阳门、厂甸。那时的老北京人来到灯市，不仅是为了欣赏花灯，也是为了购买日用品。因为，每逢元宵之夜，很多精明的商家都会趁机搞降价促销活动，人们一边赏花灯，一边购买日用品。

猜灯谜。猜灯谜是老北京人庆祝元宵节的传统习俗，是指将谜语写在灯上，让人猜解。这里的谜语讲求一定的格式，需运用巧思才可以制出十分高妙的内容来，是中国独创的文学艺术，这种庆祝方式使得元宵节颇具文化气息。由于灯谜都难以猜中，如同老虎难以被射中一样，所以老北京人也喜欢将猜灯谜活动称为"灯虎"或者"文虎"。关于这个风俗，还有很多有意思的故事呢！其中一则与清朝乾隆皇帝有关。相传在一年的元宵节，乾隆带领一群文武大臣来到京城的街上赏灯。他看到灯上写着很多灯谜，便有意让大臣们猜。看到高兴时，他自己也出谜联让大臣们猜，把大臣们惹得紧张兮兮，他自己却得意扬扬。大学士纪晓岚见大臣们都被乾隆的谜语给难住了，也想故意为难下乾隆。于是他稍思片刻，就在一个宫灯上写下了如下一副对联："黑不是，白不是，红黄更不是。和狐狼猫狗仿佛，既非家畜，又非野兽。诗不是，词不是，《论语》也不是。对东西南北模糊，虽为短品，也是妙文。"乾隆看了，猜了半天也没有猜出来，最后还是纪晓岚自己揭了谜底：猜谜。乾隆那得意扬扬的"气焰"顿时给消了几分。

吟灯联。元宵夜赏灯是老北京的重要习俗。在赏灯的同时，老北京人不仅可以猜灯谜，还有一个"吟灯联"的习俗。元宵之夜，很多人家都会在自家大门或显眼的柱子上镶挂壁灯联、门灯联，上面书写了很多有趣的对联，不仅为元宵佳节增添了节日情趣，也为赏灯的人们增加了欣赏的内容。在灯火通明的元宵之夜，走在

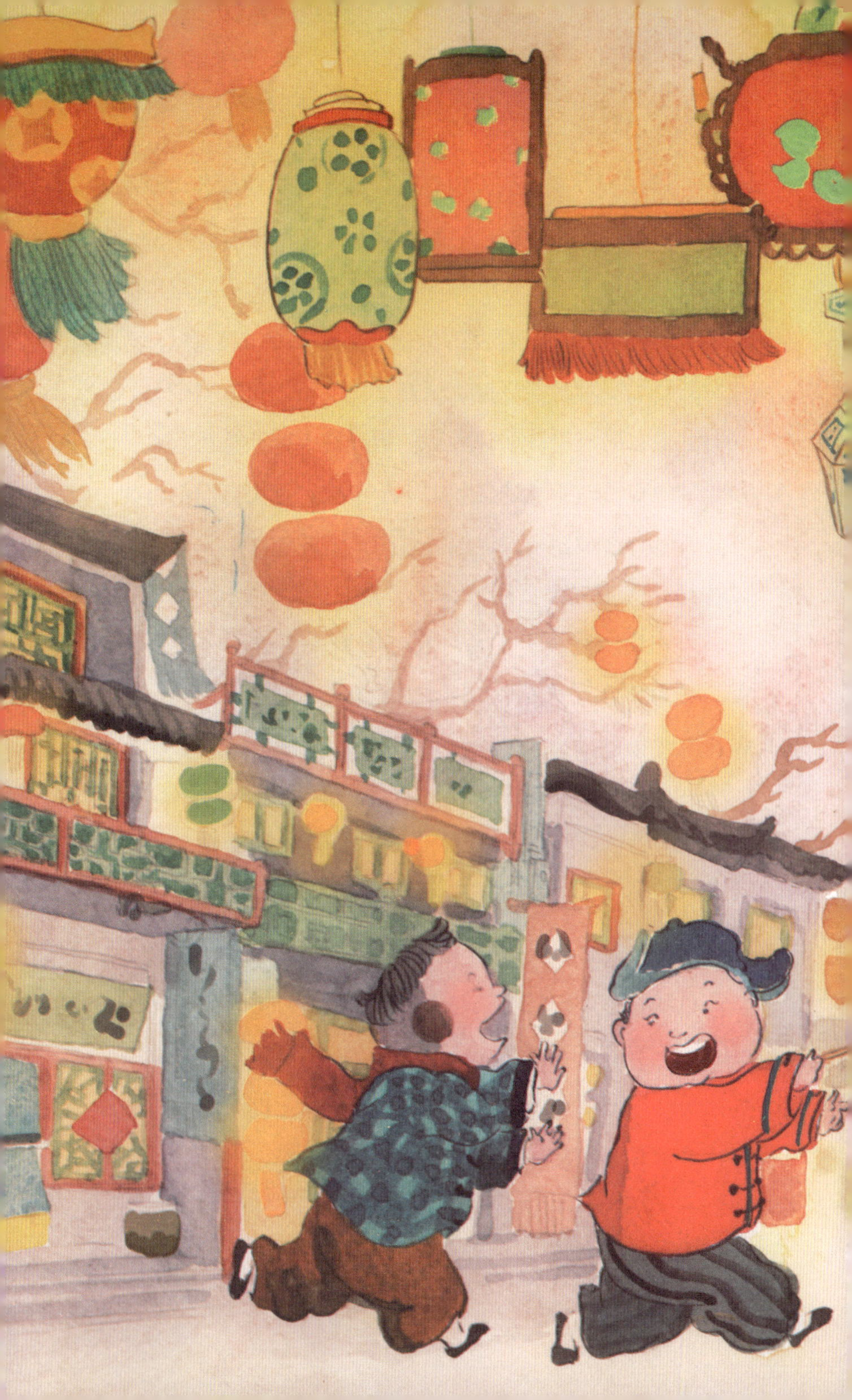

热闹的街上，吟咏各家门前的灯联，是件多么惬意的事啊！关于"吟灯联"的习俗，还有不少脍炙人口的传说呢！其中一则与明成祖朱棣有关。相传，在某年的元宵之夜，朱棣微服私访。走着走着，偶遇了一个秀才。这名秀才非常有才华，朱棣和他谈得十分投机。为了试试该秀才的才情，朱棣出了上联，联云："灯明月明，灯月长明，大明一统。"谁知那秀才竟不假思索地对出了下联"君乐民乐，君民同乐，永乐万年。""永乐"是明成祖的年号，朱棣听了该秀才的下联，非常喜欢，觉得他是个难得的人才。

吃元宵。元宵佳节，老北京人除了赏

灯、猜灯谜、吟灯联外，还要吃元宵。元宵以白糖、玫瑰、芝麻、豆沙、核桃仁、果仁、枣泥等为馅，用糯米粉包成圆形，可荤可素，风味各异。可汤煮、油炸、蒸食，有团圆美满之意。清朝康熙年间，御膳房特制的"八宝元宵"，是名闻朝野的美味。马思远则是当时北京城内制元宵的高手，他制作的滴粉元宵远近驰名。符曾的《上元竹枝词》云："桂花香馅裹胡桃，江米如珠井水淘。见说马家滴粉好，试灯风里卖元宵。"诗中所咏的，就是鼎鼎大名的马家元宵。说起元宵，还有一点不能不提，那就是远在清朝的时候就有奶油馅的元宵了。北京的元宵从清朝至今变化不大，清朝的元宵主要有山楂白糖、白糖桂花、枣泥松仁、豆沙四种馅。除这四种外，还有一种奶油馅的元宵深受老北京人的欢迎。

吃干菜馅饺子。元宵佳节，老北京人除了吃元宵，还吃干菜馅饺子。干菜就是把新鲜的蔬菜晾成菜干，包饺子的时候，用煮肉的肉汤把干菜煮一下，发起来，然后再做馅。干菜馅饺子别有一番风味，很多人家都会在这天包一些。不过，元宵节吃干菜馅饺子的风俗如今已经很少见。

细说老北京"二月二,龙抬头"的习俗和谚语

在老北京,有一句口头禅特别流行,那就是:"二月二,龙抬头。"

"二月二"是指新年的农历二月初二,在古代的时候这天被称为"中和节",民间的老百姓又俗称其为"龙抬头"。为什么有"龙抬头"这个说法呢?

主要有两个来由。一个来由与天文气象有关。据说这个词来源于中国古代天文学。按照古代天文学的要义,二十八宿被用来表示星辰在天空的位置,同时用来判断季节。其中角、亢、氐、房、心、尾、箕七宿组成了一个完整的龙形星座,角宿恰似龙角。每到农历二月初二那天以后,龙角便会从东方地平线上出现。古代的老百姓将这种情形称为"龙抬头"。

另一个来由与老百姓美好的期望有关。"二月二,龙抬头"的说法寄托了古代老百姓对好气候、好收成、好日子的向往。二月初二这天处于二十四节气中的"惊

蛰"前后，正是春回大地、万物复苏的时节，蛰伏在泥土或洞穴里的昆虫蛇兽将从冬眠中醒来，传说中的龙也从沉睡中醒来。而二月初正处在"雨水""惊蛰""春分"之间，这是个既需要雨水，又可能有降雨的时期，人们希望通过对龙的祈求行为来实现降雨的目的。龙抬头了，意味着龙也行动起来了，要履行它降雨的职责了。所以久而久之老百姓中就有了"二月二，龙抬头"的说法。这种说法是一般人对"二月二，龙抬头"的通常解释，通俗易懂，比较容易被老百姓接受。与天文气象有关的那个来由，由于有点深奥，往往被老百姓忽略掉。

但不管"二月二，龙抬头"说法的真正来由是什么，都改变不了老百姓对它的重视。

据史料记载，远在唐朝时期，民间就有过"二月二"的习俗。古代诗人白居易的一首诗中曾经提到过这个节日，诗曰："二月二日新雨晴，草芽菜甲一时生；轻衫细马春年少，十字津头一字行。"字里行间流露出了二月二时节的美丽、清新、生机勃勃。及至宋朝，二月二这天又被定为"花朝节"或者"桃荣节"，因为在这天十之八九会下雨，而雨水则有利于花草树木的成长。二月二成为民间老百姓踏春郊游的节日，是从元代开始的，欧阳玄在《渔家傲》中还专门描述了二月二的春景，即"二月都城春动野"，二月的春光里，隐含着多少美丽的景色啊！在明清时期，老百姓过"二月二"节日的气氛更加浓烈。明人沈榜《宛署杂记》中云："二月引龙，熏百虫。"《明宫史》载："初二日……各家用黍面枣糕，以油煎之，或以面和稀，摊为煎饼，名曰熏虫。"清人富察郭崇《燕京岁时记》中也有这样的记载："二月二日，……今人呼为龙抬头。"从中足见明清老北京城对"二月二"节日的重视。

二月初二龙头节是老北京时较大的民间节日。这天，老北京的民俗活动有很多，内容十分丰富，主要有如下几个方面：

（1）"撒灰引龙，引龙熏虫"的习俗。俗话说"二月二，照房梁，蝎子蜈蚣无处藏"。这天有"撒灰引龙，引龙熏虫"的习俗。古代老北京人认为，龙出则百虫伏藏，农作物可获得丰收，所以清《帝京岁时纪胜》云："乡民用灰自门外蜿蜒布入宅厨，旋绕水缸，呼为引龙回。"熏虫是防止害虫破坏捣乱，确保五谷丰登。这里用来引龙所撒的灰，一般是柴灰，也有用石灰或

民俗风物

用糠的。将灰撒在家里不同的地方有着不同的寓意：撒在门前，寓意是"拦门辟灾"；撒在墙角，寓意是"辟除百虫"；撒在井边，寓意是"引龙回"，祈求来年风调雨顺、农业增收。

（2）"剃龙头"的习俗。老北京人认为，在年三十之前修剪过的头发，在整个正月里都不能再剪。因为，在京城里传有"正月里剃头死舅舅"的说法，在正月里剪头对家庭的和谐、幸福

民俗风物

非常不利。所以大家都等到二月初再剪。而二月初二有"二月二，龙抬头"的说法，在这天剪头发，正应了自己的头是"龙头"的寓意，非常吉利，所以大家都喜欢在这一天剪头发。

（3）二月二的食俗。节日不论大小，必定与吃食多少有些联系，"二月二"也是如此。在二月二这天，北京城有吃春饼的习俗。春饼是北京城比较流行的一种民俗食品，它是一种烙得很薄的面饼。一个比手掌大的春饼就像一片龙鳞，所以北京人吃春饼又被称为"咬龙鳞"。

（4）"接已经出嫁的姑奶奶"的习俗。在北京城有"二月二接宝贝儿，接不来掉眼泪儿"的说法，这里提及的"宝贝儿"，就是指已经出嫁的姑奶奶。将姑奶奶接回来以后，要拿春饼款待她们。

（5）"女人忌做针线活"的习俗。在北京城里有这样的习俗，即二月二这天，女人们是不能动针线的。如果动针线，就会伤了"龙目"。因此，人们在这一天把自己的女儿从婆家接回来，也是为了躲避女红。

除了习俗外，民间还有很多与这天有关的谚语，比较有意思的是这些：

（1）"二月二，龙抬头，龙不抬头我抬头。""二月二"这天是个企盼学业有成的日子。在旧时，私塾先生就喜欢在这天收学生，谓之"占鳌头"。而学生们也喜欢念叨："二月二，龙抬头，龙不抬头我抬头。"久而久之，这句谚语就传了下来。

（2）"二月二龙抬头，大家小户使耕牛。"对老北京的农村人来说，"二月二"是他们的农事节。二月是万物复苏的季节，休息了一个冬天的农民们开始了他们的农耕生活，所以有"二月二龙抬头，大家小户使耕牛"的说法。

除此之外，民间还有很多关于二月二的谚语，如"二月二，煎年糕，细些火，慢点烧，别把老公公的胡须烧着了"，"二月二，龙抬头，大仓满，小仓流"，"二月二，龙抬头，天子耕地臣赶牛；正宫娘娘来送饭，当朝大臣把种丢。春耕夏耘率天下，五谷丰登太平秋"等。

从这些习俗和民谚里，我们能够看到老北京人对生活的希望和热爱。

老北京人怎么过端午节

"榴花角黍斗时新，今日谁家酒不樽。堪笑江湖阻风客，却随蒿叶上朱门。"宋代诗人戴复古的这首诗，生动形象地写出了古代人们欢庆端午节的情景。

农历五月初五是端午节。端午节在北京人眼里是个大节，是同正月春节，八月十五中秋节并列的"三节"。古文中的"端"是正的意思，而农历五月按地支顺序纪月为午月，故五月初五被称为端午节。唐代韩鄂的《岁华纪丽》曰："日叶正阳，时当中夏。"因"午"时为阳辰，故"端午节"又称"端阳节"。又因其月、日均为"五"，五五相重，故俗称"重五节"，而老北京人习惯叫"五月节""粽子节"。

《百本张岔曲·端阳节》中，对老北京过端午节的习俗，有段很生动的描述："五月端午街前卖神符，女儿节令把雄黄酒沽；樱桃、桑葚、粽子、五毒；一朵朵似火榴花开瑞树，一枝枝艾叶、菖蒲悬门户；孩子们头上写了个王老虎，姑娘们鬓边斜簪五色绫蝠。"端午节经几千年的传承,有很多习俗,如吃粽子、挂戴蒲艾、饮雄黄酒、吃五毒饼、身佩香囊洗浴、贴钟馗像、野游避灾、赛龙舟、接女儿回家等习俗。

这里着重介绍其中具备典型意义的几种习俗。

吃的习俗。万物复苏的五月,是时新水果如樱桃、桑葚盛行的时节。明末《烬宫遗录》就有这样的句子:"四月尝樱桃,以为一岁诸果新味之始。"五月端午节时,正是樱桃大批上市的时节,所以北京人流行端午节吃樱桃。除了樱桃外,还有酸甜的桑葚。老北京人认为吃了黑桑葚不招苍蝇。除了吃时令水果,北京人过端午节时,还有吃粽子的习俗。其中最流行的是黄米小枣粽子。北京地区的端午粽子是用苇叶包裹的黄米小枣粽子,以密云产的小枣最有名。除了时令水果和粽子外,还有一种食物在老北京人中非常流行,那就是玫瑰饼。玫瑰饼是北京的特产。《春明采风志》

云:"玫瑰来自北山玫瑰沟……四月花开,沿街唤卖。"玫瑰饼主要是在端午节那天用来给神佛和祖先上供的,供完撤下来后就成了全家人的食品。玫瑰饼用玫瑰花和蜂蜜拌匀做馅,制成饼,上火烙,名曰端午饽饽。

佩戴饰品。在端午节那天,老北京人喜欢在身上佩戴五彩粽子、小物件和香囊。佩戴五彩粽子主要是为了祈福增寿。五彩粽子的内壳是用硬纸叠成的,外面缠上五彩丝线,连成一串。除了五彩粽子外,还有用绫罗制成的小老虎,缝制的樱桃、桑葚、茄子、豆角、辣椒、梨……端午节这天,将这些可爱的小物件佩戴在身上,增添祈福增寿的节日气氛。另外,在端午节那天,老北京人还有佩戴香囊的习俗。香囊又叫香包,是荷包的一种。农历里五月,天气渐热,多雨潮湿,蚊虫滋生,人容易出汗,因此从端午节起,不分男女老幼,都佩戴内装檀香、芸香、冰片、朱砂等香料、中药的香包,用来驱避蚊虫,消除秽气,并使人身体清爽芬芳。

插艾蒿。在北京,民间信仰认为五月为毒月,初五又是毒日。所以在端午节,老北京人有在院门前和房檐下插艾蒿的习俗,他们认为艾蒿气味能驱除蚊虫和妖魔鬼怪。明朝人刘侗在《帝京景物略》中说:"插门以艾，涂耳鼻以雄黄，曰避毒虫。"意思就是指艾蒿具有药用功能。

关于端午节插艾蒿的习俗，还有个传说故事呢。

古时候，天上的玉皇大帝为了更好地体察民情、勘察人心，便派了一名天官来人间查访。这名天官于是假扮成卖油翁的模样，在村里面吆喝："一葫芦二斤，两葫芦三斤。"村民听到他的吆喝后，争着抢着来买他的油。这么多人中，只有一个老头儿提醒他算错了账。将油卖完后，假扮成卖油翁的天官便对这位老头儿说："最近村里会发生一场瘟疫，你在端午节那天，在你家门口插上艾蒿，到时候艾蒿可以帮助你躲避这场瘟疫。"老头儿是个善良的人，他听了卖油翁的话后，赶紧将这个消息告诉了村民。在端午节那天，家家户户的门前都插上了艾蒿。最后，村里面的人都躲过了这场瘟疫。后来，端午节插艾蒿的习俗被流传了下来，寓意"躲瘟避难"。

斗百草。端午节，老北京还有"斗百草"的习俗。斗百草是一种游戏，参加游戏的人两人相对站立，双手持草，各持一草或花茎的两端。游戏开始后，二草相勾，双方各自把草向自己方向拉，谁的草或花茎被对方拉断

谁为输,然后用"打赢家"的顺序赛下去,直至选出最后胜利者。那种能"斗"倒各草的"选手",则成为大家公认的当日"百草王"。

绒花簪头。明代余有丁在《帝京午日歌》中写道:"都人重五女儿节,酒蒲角黍榴花辰。金锁当胸花作簪,衫裙簪朵盈盈新。"这说的是端午节的另一习俗,

即"绒花簪头"。端午节期间,妇女们头簪绒花,也是旧京风俗。端午节这天,家家户户都要给女孩子头上簪以石榴花,还用花红绫线结成樱桃、桑葚、角黍、葫芦等形状,以线贯穿,佩戴在女孩身上,以示吉祥。所以，端午节这天又被称为"女儿节"，而且是明代就已经这样叫了。明朝人沈榜在《宛署杂记》中记道："燕都自五月一日至五日，饰小闺女，尽态极妍。已出嫁之女，亦各归宁，俗呼是日为'女儿节'。"

耍青。在旧时北京，端午节还有"耍青"的习俗。在端午节，南方有赛龙舟的习俗，北京因缺少大江大河，所以《帝京景物略》中说："无竞渡俗，亦竞游耍。"这就点明北京人在端午节期间虽不赛龙舟，却有外出游玩"耍青"的习俗。五月是初夏时节，整个北京城春意盎然、空气清新，十分适合出游。那时的金鱼池、高粱桥等地都是游人汇集的地方。清初人庞垲《长安杂兴》诗："一粒丹砂九节蒲，金鱼池上酒重沽。天坛道士酬佳节，亲送真人五毒图。"说的就是当时的场景。

贴葫芦花以避"五毒"。这里的"五毒"指的是蝎子、蛤蟆、蜘蛛、蜈蚣、蛇。老北京人喜欢葫芦，因为葫芦是"福禄"的谐音。北京人又喜欢剪纸，用红色毛边纸剪成葫芦，里面收进"五毒"图案，象征镇邪的宝物把"五毒"均收入肚里给镇住了。这种宝葫芦剪纸，称为"葫芦花"。葫芦花据说能避"五毒"，五月初一贴出，五月初五午时撕下扔掉，称为"扔灾"。

老北京中秋节的习俗

"八月十五中秋节,水果月饼摆满碟。"这句名谚道出了老北京隆重、喜庆的过节情景。

农历八月十五,恰逢三秋之半,故称中秋节。中秋节是仅次于春节的中华民族的传统节日。中秋节的名称有许多,比如八月节、月夕、月节、秋节、八月会、仲秋节、追月节、玩月节、拜月节、女儿节、果子节、丰收节、兔儿爷节等。又因为八月十五为秋季之中,故也称仲秋节。古人把月圆视为团圆的象征,所以中秋节又称为"团圆节"。

中秋节与月息息相关,人们对月的崇拜由来已久。秋分祭月始于周代,中秋赏月始于魏晋,盛于唐。唐代时,已经形成了一种民间习俗,即在八月十五固定的时间内,有了特定的内容,如全家团聚、赏月、玩月……并得到了百姓的认同和参与。这就完全符合了民俗节日的性质。及至宋朝年间,八月十五正式被定为中秋节。北宋苏东坡的诗作《水调歌头·明月几时有》,正是关于中秋节的千古绝唱,其中的"但愿人长久,千里共婵娟"一句在如今可谓家喻户晓。

老北京中秋节的习俗有很多,这里介绍以下几种:

(1)吃月饼。谈到中秋节,必然要说到月饼。中秋节吃月饼由来已久,据说中国最早出现月饼的文字记载,是出于苏东坡的诗句:"小饼如嚼月,中有酥和饴。"也就是说从宋代时起,月饼才渐渐地大行其道,圆圆的月饼正好有团圆的圆的象征意思,"万里此情同皎洁,一年今日最分明"。

过去,老北京人吃的月饼主要有三种,分别是自来红、自来白、提浆月饼(即团圆饼)。"翻毛""癞皮"和广东月饼是后来才出现的。但是上供用的月饼,必须是"自来红",而不能是"自来白"。除了买一些时兴的月饼外,老北京人还喜欢自制月饼。沈榜在《宛署杂记》中就记述了明代北京中秋制作月饼的盛况:坊民皆"造面饼相遗,大小不等,呼为月饼"。因为北京中秋节月亮升起来都比较晚,得等到晚上八点多钟才会升起。这时候,人们就在四合院摆上桌子,边喝茶,边吃月饼。

(2)供兔儿爷。兔儿爷是老北京中秋时令的传统物件，它的"家"在花市外的灶君庙，是北京本土的神仙。兔儿爷是泥做的，兔首人身，披甲胄，插护背旗，脸贴金泥，身施彩绘，或坐或立，或捣杵或骑兽，竖着两只大耳朵，亦谑亦谐。有曲为证："莫提旧债万愁删，忘却时光心自闲。瞥眼忽惊佳节近，满街挣摆兔儿山。"过中秋，家里摆个兔儿爷像，确实很有过节的气氛。

兔儿爷起源于明末，最开始的时候是仿照"月光马儿"上的玉兔形象制作而成的，在中秋节晚上用来祭月，上供过后，小孩子就可以拿在手里玩，所以说兔儿爷是唯一一个能拿手里玩的"神仙"。及至清代，兔儿爷渐渐在香案上消失了身影，成为一种时髦的玩具。

（3）拜月。在老北京，中秋节中最主要的习俗便是拜月。拜月的历史由来已久，早在秦汉之前的礼仪

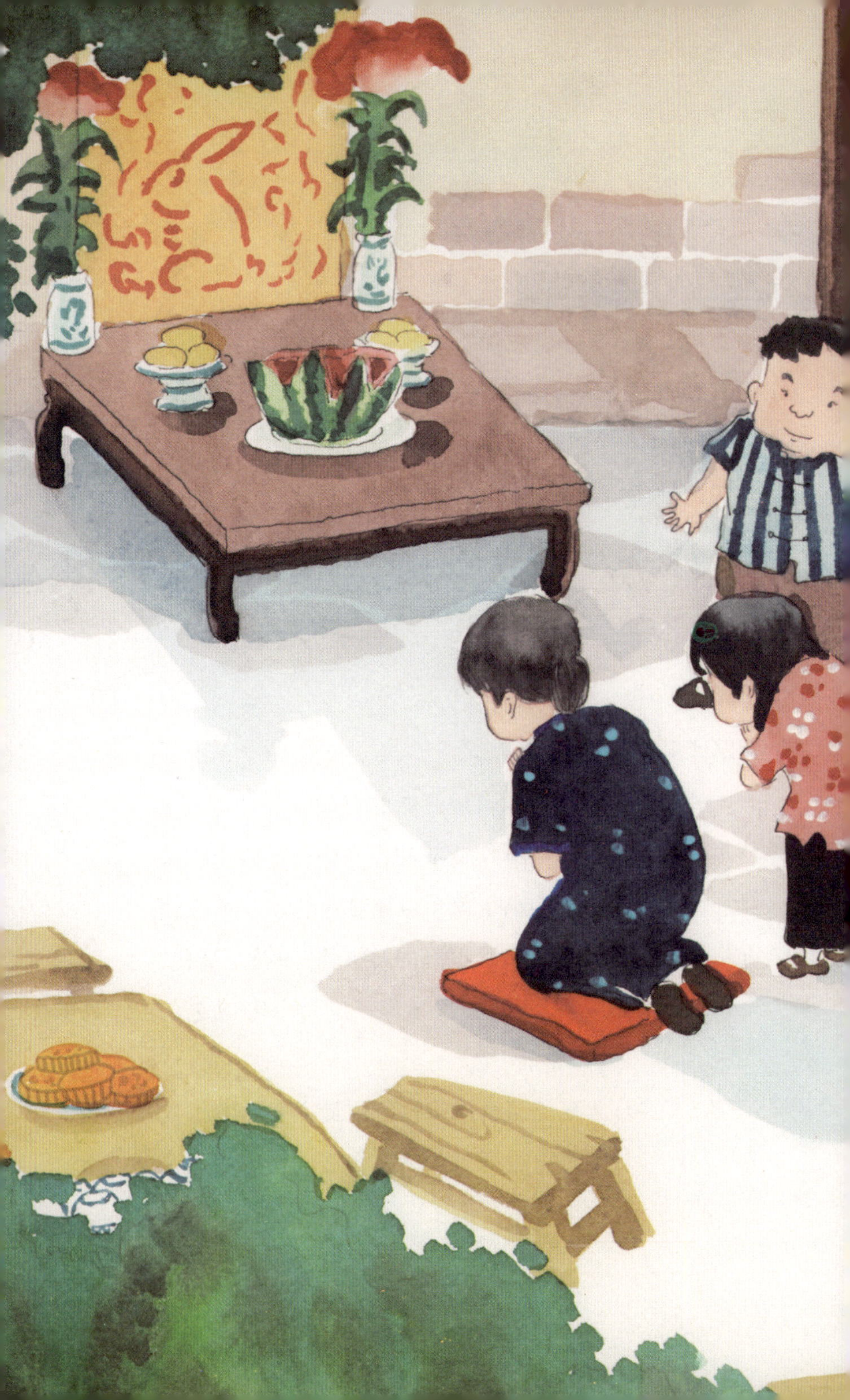

中，就有天子到国都西郊月坛祭月的规定。后来，贵族官吏纷纷效仿，而后再传到民间，形成了广为流行的中秋习俗。在旧时候，京城有"男不拜月，女不祭灶"的传统，所以，每逢中秋节的黄昏，一轮明月升起之时，家家户户的女眷都会在自家庭院的东南角设一香案，供上"月光马儿"。拜月时，月光马儿是必不可少的，就是非常大的一张草纸，印一些神符，上半截印太阴星君，下半截印月公、兔儿爷。然后糊在秫秸秆上，插在中间。过去有个儿歌，"月光马儿，供当中"，讲的就是供月光马儿的事。另外，在香案上还会摆上至少三盘月饼、三盘水果，案前放上毛豆枝子、鸡冠子花、切成莲花瓣形的西瓜和九节藕。待月亮升起后，大约晚上八九点的时候，妇女开始一一向月而拜。拜月的程序结束后，一家人围着桌子坐，边饮团圆酒，边吃团圆月饼，呈现一派温馨、快乐的场景。

除此之外，老北京人过中秋节还有这样的习俗：

在中秋节那天的中午时分，有糊窗户的习俗，因中秋过后天气渐凉。据说中秋午时糊窗户，能把"老爷儿"（太阳光）糊在屋里，一冬不冷。

老北京，中秋要放三天假。十三到十五日，学生也不上课。

老北京过中秋还有送礼的习俗。有史料这样记载："中秋，大家互送礼节……赏奴仆钱，铺户放账帖，每节如此。"

中秋节的习俗中也有禁忌，如在祭月摆供时不能放梨，因"梨"与"离"同音，此乃团圆节之大忌。

老北京重阳节的习俗

重阳节的历史非常悠久，距今已经有两千多年的历史了。这个名称最早出现在三国时代，曹丕所著的《九日与钟繇书》中有这样的记载："岁往月来，忽复九月九日。九为阳数，而日月并应，俗嘉其名，以为宜于长久，故以享宴高会。"从这段记载中我们可以看出，"九"为阳数，九月九，两九相重，古人认为是一个值得庆贺的吉利日子。魏晋时期，民间有了在九月初九这天赏菊、饮酒的风俗。及至唐朝，九月九日才被正式定为重阳节，成为正式的民间节日。从此以后，每年的这个日子，民间都会举行各种各样的仪式活动，以示庆祝。

说起重阳节，很多人都会想到"登高"这一习俗。在老北京人的心目中，金秋九月，天高气爽，在这个日子里登高远望可以免灾避祸。关于重阳节登高的习俗，还有一个传说故事呢！

相传在东汉时期，汝河里住着一个凶狠的、被称

为"瘟魔"的怪物。只要瘟魔一出现,周围的老百姓就要遭殃,几乎每家都有人病倒,甚至丧命,弄得这一带人心惶惶,老百姓为此愁眉不展。其中有一个叫恒景的人,他的父母都在瘟魔的作恶下因病而死了,他自己也因此差点儿丧命。从病魔中活过来的恒景决定去外地访仙学艺,为乡亲们除去瘟魔。于是他依依不舍地辞别了

媳妇和年幼的儿子,踏上了学艺之路。他四处访师寻道,访遍各地的名山高士,终于打听到在东方有一座最古老的山,山上有一位法力无边的仙长。恒景不畏艰险,在仙鹤指引下,终于找到了那位仙长。仙长听他细说了目的后,被他的精神所感动,将降妖剑术毫不保留地教给了他,还把宝贝的降妖宝剑送给了他。经过一年的勤学苦练后,恒景终于将仙长的降妖剑术学会了。一天,仙长对恒景说:"明天就是九月初九了,在这天瘟魔又会出来作恶,如今你已经将消灭它的本事悉数学会,可以回去消除这个孽障了!"临走的时候,仙长送给恒景一包茱萸叶,一壶菊花酒,并且密授避邪用法,让恒景骑着仙鹤赶回家去。在九月初九这天的早晨,恒景回到了家乡。还没有来得及回家看看,他就马上将乡亲们喊来,按照仙长的叮嘱,吩咐乡亲们登上家附近的一座山,并且发给每人一片茱萸叶,一盅菊花酒,做好了降魔的准备。及至中午时刻,在一连串的怪叫声中,瘟魔出现了,但是它刚扑到山下,闻到阵阵茱萸奇香和菊花酒气时,突然脸色大变,停下了脚步。看到这情景,恒景赶紧手持降妖宝剑追下山来,与瘟魔搏斗了几个回合,就将它刺死了。老百姓们为了感谢恒景的大恩大德,也为了纪念这个除掉恶魔、恢复安宁的日子,就把九月初九重阳节登高的风俗看作是免灾避祸的活动,年复一年地流传了下来。

每逢重阳佳节,老北京人中的老一辈都喜欢向孩子们讲述这个大快人心的故事。从这个故事中,孩子们也对重阳节有了更深的了解。

老北京人对重阳节非常重视。在重阳节时,除了有登高的习俗外,还有佩戴茱萸、赏菊、饮菊花酒、吃花糕、食烤肉、涮羊肉、吟诗作赋等习俗,一直流传至今。

登高。在老北京，重阳节有登高的习俗。明清时，北京地区登高颇盛，《燕京岁时记》云："京师谓重阳为九月九。每届九月九日，则都人提壶榼，出郭登高。"在这天，紫禁城中的皇帝都会亲临万岁山（如今的景山）登高拜佛，祈求福寿平安，并观览京城风光。旧时候，老北京人喜欢登的是西山八大处、香山等地，在登山的过程中，玩到高兴时，还会吟诗作赋、吃烤肉。对此，《燕京岁时记》就有记载："凡登高，必赋诗饮酒，食烤肉，洵一时之快事。"

吃花糕。"中秋才过近重阳，又见花糕各处忙。"吃花糕是老北京重阳节时必不可少的习俗之一。不仅民间风行制作吃食花糕，在清代宫廷里，重阳节时也要举行"花糕宴"。周密写的《武林旧事》一书中记载："九月九日重阳节，都人是月饮新酒，泛萸簪菊，且各以菊糕为馈，以糖肉秫面糅为之，上缕肉丝鸭饼，缀以榴颗，标以彩旗。"明代沈榜的《宛署杂记》上也说："九月蒸花糕，用面为糕，大如盆，铺枣二三层，有女者迎归，共食之。"从中足见花糕在当时的流行程度。据说这一习俗与登高习俗有关。"糕"和"高"同音，作为节日食品,最早是庆祝秋粮丰收、喜尝新粮的用意,之后民间才有了登高吃糕,取步步登高的吉祥之意。在旧时候,北京的花糕种类非常多,有槽子糕、桃酥、碗糕、蛋糕、萨其马等酥饼糕点,也有糕上码有花生仁、杏仁、松子仁、核桃仁、瓜子仁等的五仁金银蜂糕,还有用油脂和面的蒸糕、将米粉染成五色的五色糕等。而且,在那时候,花糕还像如今的月饼一样,是京城老百姓馈赠亲友的佳品。

赏菊、饮菊花酒。赏菊、饮菊花酒是老北京人过重阳节的另一个风俗。菊花,是我国象征长寿的名花,又名"延寿客"。早在屈原笔下,就

已有"夕餐秋菊之落英"之句,即服食菊花瓣。晋代葛洪在《抱朴子》中记河南南阳山中人家,因饮了遍生菊花的甘谷水而延年益寿的事。重阳节赏菊的风俗习惯古已有之,所以也有人称重阳节为菊花节。待到重阳节这天,京城里会举办各种赏菊大会,那时候整个北京城的老百姓都会来到赏菊大会上赏菊、饮菊花酒。除此之外,老北京人还喜欢去天宁寺等地去赏菊观景。在清朝的时候,在重阳节这天,老北京人喜欢将菊花枝叶贴在门窗上,为的就是"解除凶秽,以招吉祥"。清李静山《增补都门杂咏》曾有诗曰:"天宁寺里好楼台,每到深秋菊又开,赢得倾城车马动,看花犹带玉人来。"菊花酒,在古代被看作是重阳必饮、祛灾祈福的"吉祥酒"。边赏菊,边饮菊花酒,边吟诗作赋,不可谓不滋润。重阳节饮菊花酒的习俗最早起源于晋朝大诗人陶渊明,陶渊明以隐居、作诗、饮酒、爱菊出名,后人效仿他,遂有重阳赏菊的风俗。

佩茱萸。老北京还风行九九插茱萸的习俗,所以又把重阳节称为茱萸节。茱萸的全称是吴茱萸,是一种可以做中药的果实,也叫越椒或艾子,秋后成熟,果实嫩时呈黄色,成熟后变成紫红色，有温中、止痛、理气等功效。茱萸叶还可治霍乱，根可以杀虫，素有"吴仙丹"和"辟邪翁"之称。老北京人认为九月初九也是逢凶之日，多灾多难，所以在重阳节人们喜欢佩戴茱萸以辟邪求吉。但是在近代，佩茱萸的习俗逐渐少见了。其变化的因由大概是，茱萸在早期民众的生活中强调的是辟邪消灾，随着文明的进步，人们对未来生活给予了更多的期盼，祈求长生与延寿。所以"延寿客"（菊花）的地位最终盖过了"辟邪翁"（茱萸）。

接出嫁的女儿。除了以上习俗外，在老北京还有一个独特的习俗，那就是在这天要将出嫁的女儿接回来。这个习俗如今在北京的郊区还流行着。在重阳节这天，天刚明，娘家人就备着名酒、糕点、水果去接女儿回家了，谓之"归宁父母"。将女儿接回家后，父母要取片糕搭在女儿额头上，一边搭一边还说着祝福的话："愿儿百事俱高。"所以重阳节又被称为"女儿节"。

如今，老北京很多重阳节习俗已经逐渐消失了，然而在民间登山登高、买菊赏菊、吃花糕、食烤肉、涮羊肉的风俗仍盛行不衰。

京菜为何没有进八大菜系

提及中国菜,很多人都会提及著名的八大菜系,它们分别是:山东菜、四川菜、湖南菜、江苏菜、浙江菜、安徽菜、广东菜和福建菜。然而,令人称奇的是,其中并没有北京菜。

北京人为什么没有使北京菜挤入中国八大菜系的行列中呢?

其实最主要的原因就是北京菜品种的多样化,汇集了众家之长,品种虽然非常多,但没有形成自己独特的风味。所以,没有被纳入著名的八大菜系中。

然而,现实生活中,有人将北京菜列入了"八大菜系"中,其实,这并不准确。因为若要形成菜系,首先就要和自己的本土文化相吻合,具备一定的独特性。除此之外,在品种、规模、制作方法、食用方法等方面,也要形成自己的一整套东西,因为只有形成系统了才能称其为菜系。然而,北京菜却不具备"独特性"和"系统性"这些特点。

据老辈人讲，在过去，北京的餐饮业中属山东菜馆最多。当时比较有名的餐馆中有"十大堂"和"八大居"之说。所谓的十大堂即指金鱼胡同的福寿堂、东黄城根的隆丰堂、西单报子街的聚贤堂和同和堂、东四钱粮胡同的聚寿堂、总布胡同的燕寿堂、地安门外大街的庆和堂、什刹海北岸的会贤堂以及前门外大栅栏的惠丰堂和天福堂；而八大居是指前门外的福兴居、万兴居、同兴居、东兴居（此四家又称"四大兴"）、大栅栏的万福居、菜市口北半截胡同的广和居、西四的同和居、西单的砂锅居。除了十大堂和八大居之外，还有八大楼和八大春之说，其中大多是山东风味，足见北京菜中被纳入了很多山东菜元素。

老北京除了山东餐馆比较多外，淮扬菜也比较多。主要是因为在北洋政府时期，各部长、署长、国会议员等官员以及各大学的很多教授大多来自江浙，他们要吃自己的家乡菜，就这样淮扬菜在北京就扎根发展起来。甚至出现这样的盛况：在20世纪二三十年代的西长安街，尤其是西单附近，至少有十二家经营淮扬菜的餐馆，被人称为"长安十二春"。所以北京菜中也被纳入了很多淮南菜元素。

另外，从历史的角度看，也验证了北京菜的繁杂、多样化。在旧时，北京有皇家、王公贵族、达官贵人、巨商大贾和文人雅士等各方面人士，因而社会交往可谓比较复杂。再加上社交礼仪、节令及日常餐饮的需要，各种餐馆非常多，甚至各个宫廷、官府、大宅门内，都雇用了自己专门的厨师。而这些个厨师来自全国各地，很自然地也会把自己家乡的饮食风味带进北京，这样就导致北京菜的"鱼龙混杂"、博采众家之长。这对北京饮食业的发展有很大的好处，但一个弊端就是太多的地方元素融进了北京，导致北京菜缺少了独特的个性。

如今，北京菜虽然没有被纳入八大菜系，但也发展得不错，也有自己引以为豪的菜，如北京烤鸭、涮羊肉等。而且随着社会的发展，尤其是商品经济的勃兴，北京菜的发展空间会越来越大，会发展得越来越好！

老北京人夏天都吃什么

老北京传统小吃历史悠久,一年四季,什么季节吃什么,都很有讲究。尤其是在炎热的夏季里,更得讲究怎么吃、吃什么。

总结起来,老北京人夏天最爱吃的无外乎这几样儿:

暑汤

在炎热的夏天里,老北京人最离不开的当属防暑降温的"暑汤"。暑汤是六七十年前老北京的冰食,花样有很多,泛说可包括百姓家熬制的绿豆汤和街市所有的冰冷饮料及可降暑的药汤。如今我们所指的暑汤,主要是指中药铺配制的消暑药汤。这种暑汤的功能有很多,主要是清热驱火、祛暑散热。

韭菜馅合子

韭菜馅合子可以说是老北京人夏天的至爱,几乎家家都会做一些来吃。夏天,韭菜的价格非常低,而且很新鲜,正是烙韭菜馅合子的好时节。据说那时节无论哪家儿烙韭菜馅合子，周围半里地都能闻到香味，关系好的邻居还会闻香而来，凑巧吃几个解解馋。

雪花酪

要说起老北京人夏天的吃食，那绝对不能落下雪花酪。雪花酪又被戏称为"土法冰激凌"，是旧时穷人家孩子能买得起的零食之一，相当于今天的刨冰、冰沙、冰激凌等。

雪花酪的历史非常悠久，据说宋代时期就有了类似雪花酪的食品，例如砂糖冰雪冷丸子、雪泡豆儿水等。

果子干

果子干是北京小吃中夏季食用的品种，由杏干儿、柿饼、鲜藕和葡萄干儿等果品制成。柿饼呈琥珀色，大甜杏干呈橙红色，加上雪白的藕片，上浇糖桂花汁，放在果盘里用冰镇着，吃到嘴里又凉、又脆、甜酸爽口，备受老百姓的欢迎。

杏仁豆腐

杏仁豆腐，有的老北京人也叫作杏酪，是盛夏佳品之一。关于杏仁豆腐，清朝人士朱彝尊曾在《食宪鸿秘》中专门记载了其做法："京师甜杏仁，用热水泡，加炉灰一撮，入水，候冷，即捏去皮，用清水漂净。再量入清水，如磨豆腐法带水磨碎，用绢袋榨汁去渣，以汁入锅煮熟，加白糖霜或量加牛乳。"此法做出冷却后即成杏酪，将其切成小块配以冰水，形似豆腐样，因此得名杏仁豆腐。

当然，除了以上吃食之外，老北京人夏天的吃食还有很多，例如红白玻璃粉、大冰碗、凉粉、凉面等。丰富的吃食，正显示了老北京人对生活的热爱。

老北京口中的"吃秋"是怎么回事儿

在老北京人中间有这样一种说法,那就是一入秋就得"吃秋"。什么是吃秋呢?所谓吃秋,也被叫作"贴秋膘儿",就是指在入秋时,要吃些有营养的美食,以滋养身体。如今老北京城还有"立秋炖大肉"的说法。

老北京人为什么讲究吃秋呢?

主要有两个原因,一个原因是,老祖宗们都把炎热的夏天叫作恶季,就是因为每逢夏天,生活环境会变坏,苍蝇、蚊子等虫类横生,会带来并传播各种疾病,再加上夏天天气闷热,会影响人进食的胃口,导致人一到夏天就容易营养流失,出现胃口不佳、精神萎靡等症状,也因此民间有"一夏无病三分虚"的说法。而入秋了,正是补充人身体所缺的各种营养的好时机,正所谓"秋季补得好,冬天病不找"。另一个原因是,秋天是收获的季节,待到庄稼成熟时,京郊的玉米、稻谷、高粱、大枣、核桃、梨等应时上市，老百姓们有了丰盛的吃食，胃口也会见好，就开始关注这贴秋膘的事儿了。

那么，老北京人吃秋都吃些啥呢？

其实不同境况的人吃法也不同。通常生活比较富裕的人家会经常烹制一些鱼啊肉啊的吃食，如红烧肉、红烧鱼、炖牛羊肉、炖鸡鸭等富含蛋白质的肉类佳肴；而生活比较穷苦的老百姓则多吃蔬菜和面食，如大白菜、土豆、油菜、玉米面、高粱米等，家庭稍微宽裕时，还会偶尔买点儿肉和新上市的韭菜、茴香、小白菜制作出馋人的水饺、菜团子等；最讲究吃秋的还是那些社会名流、文人墨客、演艺界名伶们，他们在入秋时，通常会携家人或约好友下馆子，吃些烤鸭、烤肉、涮肉等名吃。

除了以上吃食外，老北京人在入秋时还喜欢吃这几样儿：

玉米棒

立秋前后，成熟的作物还不多。但有一种作物会提前进入收割期，那就是京郊的农民朋友专为售卖而提前种植的玉米棒。一入秋，老百姓们就会去市集上买一些颗粒饱满的青玉米，拿回家中放入大锅里用清水煮沸，待青玉米被煮成了金黄色黄金般的老玉米后，那香味甭提多诱人了。

羊头肉

羊头肉具有丰富的营养，味甘、性热，是温补脾胃肝肾、补血温经的好食物，最适合在入秋时节进食。《燕都小食品杂咏》就曾对羊头肉有如下记载："十月燕京冷朔风，羊头上市味无穷。盐花洒得如飞雪，薄薄切成与纸同。"

甜枣

入秋时节，最让孩子们喜欢的吃食非甜枣莫属了。老北京较大的四合院栽种枣树的人家很多，每逢入秋，

甜枣成熟，累累的果实挂满了枝头，玛瑙般的枣儿让人们喜出望外。民间就有"七月十五枣红圈，八月十五枣落杆"的说法。

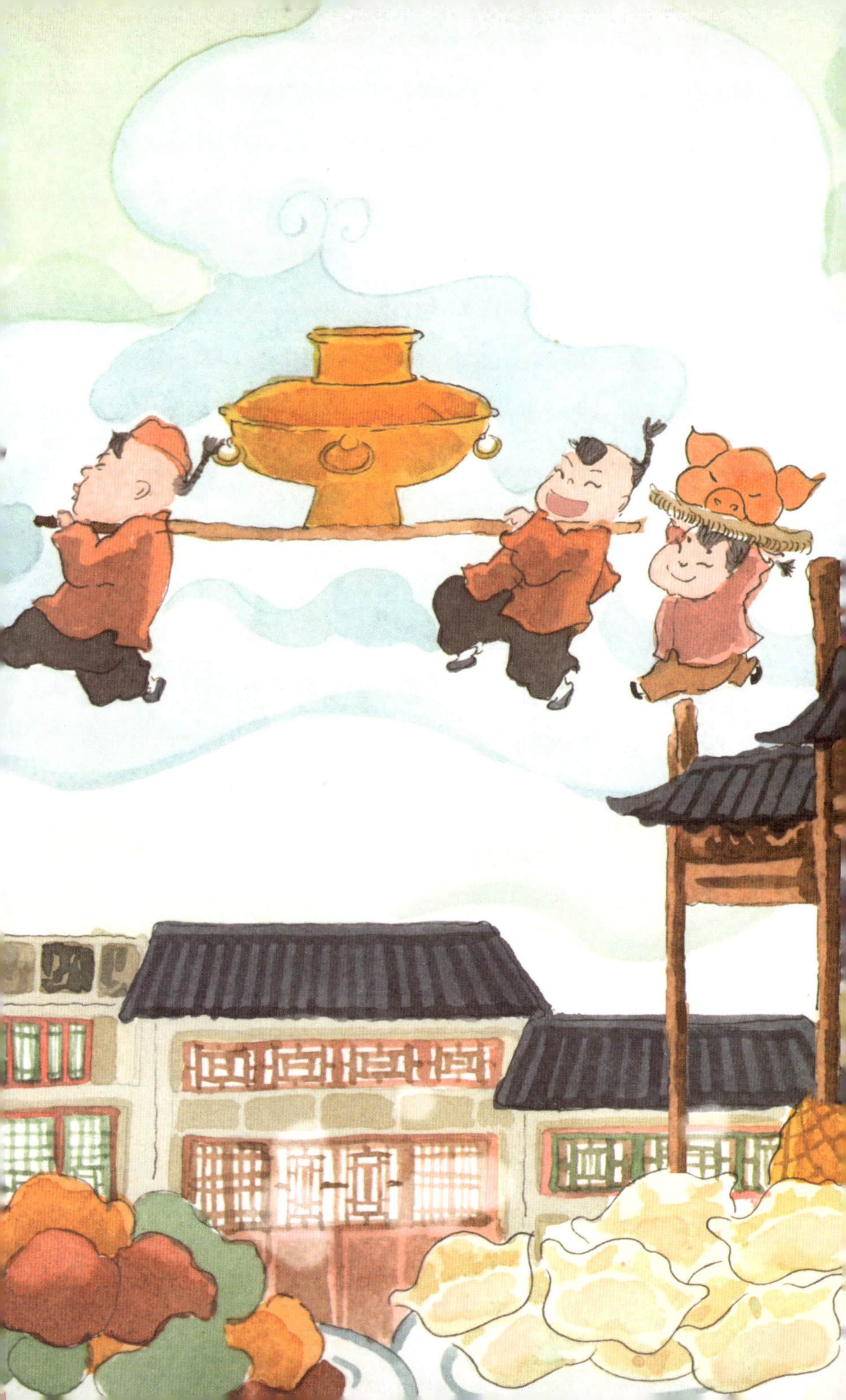

玉米粥是怎么进入御膳房食谱的

在当今老百姓的心里，能进入古时候皇宫御膳房的食物不是山珍海味，就是各地有名的特色小吃，无论是成色还是制作工艺，绝对是千里挑一。因为，那可是皇帝一家吃的啊！

可是有这么一道食物，它非常平凡，极其家常，这样一种食物愣是打败了各式各样的山珍海味，挤入了清朝皇帝的御膳谱里。它是什么食物呢？很普通，就是玉米粥。在容龄所著的《清宫琐记》中，就记载着慈禧太后爱吃玉米粥的故事。

很多人不禁好奇，平凡的玉米粥是怎么"混"进皇家食谱里的呢？这与一个传说有关。

大家都知道，大清朝泱泱大国是马上打下的江山，清朝的皇亲国戚们无不马上功夫一流，尤其爱好打猎，康熙皇帝就是其中一位。

一次，康熙领着众侍卫去滦平的长山峪一带打猎。

一行人猎得很多猎物，玩得十分开心，待太阳快要下山时方往回走。正策马走着，康熙突然看到远处有一只非常漂亮的梅花鹿。猎物袋里可独独缺这么个好物什啊！康熙赶紧张弓搭箭，快马加鞭，紧追不舍。

追赶了一会儿，天色渐渐地黑了。由于康熙赶得太急，竟把众侍卫落下了好远。康熙累得气喘吁吁，肚子里也饿得咕咕直叫，只好策马往回走。

走了一会儿，突然看到前方有灯光。康熙赶紧策马上前一看，原来是一户农舍。康熙高兴极了，打算向这户人家讨些饭吃。

他勒住马，停在了农舍门口，往里一望，只见一位头发花白的老者正与家人围在一起吃饭。饭桌上摆着热气腾腾、焦黄焦黄的玉米面干粮和香喷喷的玉米粥，还有野兔肉炖蘑菇，烧金针和一大盘凉菜。

康熙看了热腾腾的食物，馋极了。便下马走进农舍，对老者说："这位老先生，打扰了！我去前面的山上打猎，可由于天色太晚，无法及时赶回家。再加上一天都没有吃饭，所以非常饿，想借用您一餐，来日定送还银两。"

老者是一位非常热心的人，他听了后赶紧招呼康熙坐下来吃饭。

康熙饿极了,三下两下便吃了个大饱。吃完后便问老者:"老先生,您家的饭菜真好吃啊!这么好的饭菜是谁做的啊,一定出自一个心灵手巧的媳妇吧?"

老者听了,哈哈大笑,说:"您请看,陪我吃饭的就这三个儿子,我们家没有女人哪!我老伴去世得早,三个儿子还没有娶亲。大儿子负责上山打猎,二儿子负责上山砍柴,三儿子负责在家照顾我,兼顾做菜烧饭。您今天吃的饭菜是我三儿子做的啊!"

康熙听了老者的话,非常惊讶。不禁打量起老者的三儿子来。只见他眉清目秀、干净利索,心里非常喜欢,便赞了他几句。

正说话间,康熙的众侍卫在外边看到了皇帝的御马,便找了进来。这老者一家才得知眼前的这位便是当今皇帝康熙,吓得连连磕头。康熙一把将他们扶起,说:"朕这一趟真是收获很多啊,看到你们一家和和美美、其乐融融,想到这一带的百姓应该生活得非常安稳,朕也就高兴了!"

接着,康熙吩咐侍卫重赏了老者一家,这才策马回宫。

没几天，康熙便怀念起老者家的玉米粥来，觉着宫里的山珍海味全不如玉米粥吃着爽口，于是派人找到老者的三儿子，将他请进宫来在御膳房里专门给康熙做玉米粥吃。

从此以后，玉米粥便在清朝御膳房里有了属于自己的位置，与那些名扬天下的山珍海味一起，被写进了御膳房的食谱里。

你了解老北京"杂拌儿"都有啥吗

小时候,最看重的节日,莫过于春节,因为春节时不仅可以家家团圆、穿上好看的衣服,还可以吃上好吃的东西。但对小孩儿们来说,最好吃的可不是什么饺子和大鱼大肉,他们最想吃、最爱吃的,是那色彩鲜艳、各种味道的"杂拌儿"。有首民谣这样唱道:"过大年好喜欢,吃了杂抓能抓钱,不挣钱的学生抓识字,大姑娘抓针线……"这里的"杂抓"讲的就是杂拌的事儿。

如今,提起"杂拌儿"的名称来历,很多人都说不上来。其实,在不同的时代,杂拌儿的内容也有着变化,名称也不一样。"杂拌儿",其实是由一些不同种类的干鲜果品掺杂在一起拌合而成的。

宋代时,杂拌儿被叫作"果子盒",内装许多干果。

明朝时,杂拌儿的名字非常文雅,叫作"百事大吉盒",明人刘若愚就曾在《酌中志》中说:北京正月新年有内盛"柿饼、荔枝、桂圆、栗子、熟枣"的"百事大吉盒"。

清代时,原来人们把杂拌儿叫作"蜜饯",是厨师们将一些干果用蜜汁加工而成的,这种蜜饯色香味俱全,传说深受慈禧太后的喜爱。一次,慈禧太后就随口赐了个"杂拌儿"的名。后来,杂拌儿这一名字从宫内传到民间了,就一直被叫到了现在。说起杂拌儿,还可以进行细分,即高档的细杂拌儿、中档的杂拌儿、杂抓三类。

高档的细杂拌儿,旧时的老百姓轻易吃不着,因为里面所含的干果儿太多了,老百姓们都吃不起。这种高档的细杂拌儿,是将鲜杏儿、蜜桃、大枣、桂圆、荔枝、山楂、藕片等,经过糖蜜渍汁加工成蜜饯杂拌儿,主要是为旧时那些王公贵族、王府大宅里的人食用的。延续到现在,高档的细杂拌儿已经演变成盒装的北京特产"蜜饯果脯",包装精美、味道可口,成为当今老百姓们走亲访友的馈赠佳品。

中档的杂拌儿,也被称为粗杂拌儿,与高档的细杂拌儿相比,所含的干果成分相对少一些,主要是梨干儿、苹果干儿、柿饼条、山楂条、脆枣、榛子仁、花生仁等。

　　杂抓，属于比较次级的杂拌儿，旧时的老百姓过年过节所吃的杂拌儿就是这种，里面所含的都是些价钱最便宜的瓜子、花生、嘣酥豆什么的。说起杂抓这一名称的来历，还很有意思。当时，卖这种比较次级的杂拌儿的小商贩多是推着小车沿街吆喝着卖，卖给顾客时也不用秤称，只是用手一抓，用旧画报折卷成的三角形纸包

一放就完事儿了。这种较次级的杂拌儿也因此而有了"杂抓"这个名儿。

杂拌儿在老北京人这里,属于过年必备的年货之一,主要用来除夕守岁和招待来家拜访的亲朋好友。大年除夕的晚上,一家人团团围着,边吃杂拌儿边聊天的时光,想必很多老北京人都记忆犹新、无比怀念吧!

焦圈儿的故事

谈及北京的各色小吃,很多人会首先想起焦圈儿,许多人称"边喝豆汁边吃焦圈儿是一种享受"。

什么是焦圈儿呢?所谓焦圈儿,又被称为"小油鬼",色泽深黄,形如手镯,焦香酥脆,风味独特。别看这焦圈儿非常普通,人家可是从清宫御膳房传出来的食品呢!

据《北京土语词典》记载:"作环状,大小如镯,特别酥脆。"这讲的就是焦圈儿。

可以说焦圈儿是老北京人爱吃、爱看的名小吃。其实,除了耐吃、耐看之外,焦圈儿身上还发生过很多有趣的故事,其中最有名的当属很多名厨因焦圈儿而被称为"焦圈儿王"。

在这些封"王"的历史中最有名的是"焦圈儿俊

王"。"焦圈儿俊王"是老北京食客对光绪年间德顺斋创始人王国瑞的美称,因他长得非常白净英俊,故送给他这个封号,如今王家的手艺已经传到了第五代。

除了"焦圈儿俊王"之外,还有一个"王"不得不提,他就是北京比较有名的兴盛馆的邹殿元。邹殿元的师父孙德山是清宫御膳房专做焦圈儿的厨师,后来又有百年老字号德顺斋"焦圈儿俊王"的相传,制作的焦圈儿可谓又酥又脆,非常受欢迎,甚至有的食客说:"吃上一辈子都不腻口啊!"

如今,北京比较有名的焦圈儿售卖店是北京护国寺小吃店和锦芳小吃店,他们制作的焦圈儿深受老百姓的喜爱,并于1997年12月被中国烹饪协会授予首届全国中华名小吃称号。

炒肝儿的由来

炒肝儿是北京特色风味小吃，由宋代民间食品"熬肝"和"炒肺"发展而来，以猪的肝脏、大肠等为主料，以蒜等为辅料，以淀粉勾芡而成，其味浓不腻，稀而不澥，颇得北京人的喜爱。

要追溯炒肝儿的历史，要从清朝同治年间前门鲜鱼口胡同的会仙居开始说起。

当时，会仙居由三位姓刘的兄弟经营，主要经营白水杂碎生意。这三兄弟都是非常勤劳的人，他们起早贪黑地干，一点儿也不敢偷懒，可生意就是不景气。于是，这三兄弟便商量着如何提升店铺的人气，在老大的提议下，他们决定改进白水杂碎的做法。

说来也巧，当时《北京新报》的主持人杨曼青和这三兄弟的交情非常好，得知他们的想法后，便给他们提议说："你们既然想改进，何不大刀阔斧地改！你们把白水杂碎的心肺去掉，加上酱色后勾芡，名字可不能叫烩肥肠，就叫炒肝儿，这样或许更能吸引人一些。"

三兄弟听了，都觉得这想法不错。想了一会儿后，老三说："那人家问为何叫'炒肝儿'时，我们可怎么说啊？"

杨曼青听了哈哈大笑："老三你可真是个大实诚人！你们大可以说肝被炒过啊。这样吧，为了提升你们的名气，我在报上也帮你们宣传宣传。"

三兄弟听了，别提多开心了，与杨曼青话别后，便照他的提议行动。

三兄弟把鲜肥的猪肠用碱、盐浸泡揉搓，然后用清水加醋洗净，用文火炖；等肠子烂熟之后将其切成小段，鲜猪肝则片成柳叶状的条儿。在制作炒肝儿之前，他们先把作料和口蘑汤做好。

别看佐料和口蘑汤不是主原料，可也不能小看，它们影响着整个炒肝儿成品的品质。他们先将锅温热放油，把大料炸透，然后放入生蒜，等蒜变黄时就放入黄酱，然后炒几下，蒜酱便做好了。除了精心制作作料外，还要精心制作口蘑汤备用。

会仙居的炒肝儿一经推出，便吸引了众多顾客。他们争相来买炒肝儿，不久会仙居的名声在当地便是响当当的了！

卤煮火烧的由来

卤煮火烧是老北京的一道传统小吃，地道的北京人中估计没有几个人不喜欢吃。火烧切井字刀，豆腐切三角，小肠、肺头剁小块，从锅里舀一勺老汤往碗里一浇，再来点蒜泥、辣椒油、豆腐乳、韭菜花。热腾腾的一碗端上来，犹如品尝人间美味。

如此美妙的食物是怎么来的呢？最初的卤煮出自清宫廷的"苏造肉"。

相传，清朝乾隆帝在一次赴南方微服私访时，曾住在大臣陈元龙的家里。陈府里的厨师张东官做的一手好菜，颇对乾隆的口味。于是乾隆帝在私访结束回京时，向陈云龙讨要了张东官，将他安置在宫中御膳房。

张东官是一个非常聪明的人，他知道乾隆帝喜爱厚味饮食，就用五花肉加丁香、官桂、甘草、砂仁、桂皮、蔻仁、肉桂等香料烹制出一道肉菜供膳。香料按照春、夏、秋、冬四季，分量随之变化。这种配制的香料煮成的肉汤，因张东官是苏州人，就称为"苏造

汤",其中的肉就被称为"苏造肉"。后来"苏造肉"传到了民间,受到老百姓的深深喜爱。《燕都小食品杂咏》对此有记载,其中有一首诗就是专门为"苏造肉"而创作的:"苏造肥鲜饱老馋,火烧汤渍肉来嵌。纵然饕餮人称腻,一脔膏油已满衫。"由此可感知"苏造肉"的美味。

然而,"苏造肉"又是如何演变为卤煮火烧的呢?这要归功于"小肠陈"的创始人陈兆恩。陈兆恩当时就是售卖"苏造肉"的,那时的"苏造肉"是用五花肉煮制的,所以价格非常贵,只有那些达官贵人才吃得起,而普通的老百姓根本买不起。为了让更多的老百姓都能吃上可口的"苏造肉",陈兆恩便苦思妙策,最后决定用价格低廉的猪头肉取代价格昂贵的五花肉,同时加入价格更便宜的猪下水进行煮制。没想到用猪头肉和猪下水煮制的"苏造肉"竟然在老百姓中大受欢迎,成为当时一绝。

这给了陈兆恩很大的鼓舞和信心。为了让更多的老百姓都能吃上更可口的"苏造肉",陈兆恩主张加入火烧一起卤煮。火烧与烧饼十分相似,但火烧表面上没有芝麻仁。而卤煮指的是"卤煮猪下水",卤煮火烧是将整个火烧放入卤煮猪下水的大锅中同煮,食用时捞起来切块,与卤猪下水同食,可加香菜及辣椒油。

卤煮火烧的开创,不仅便利了当时的老百姓,丰富了老百姓的日常生活,而且为老北京特色食谱添加了一道亮丽的风景。

豆汁的由来

提起北京小吃，很多人会马上想起豆汁。而提起豆汁，很多人会马上想起北京的城墙宫宇、老街胡同。由此可见豆汁和北京的渊源之深。

作为早已家喻户晓的"中华名小吃"和国际友人身临北京"必尝"的几样名吃之一，别看豆汁其貌不扬，却一直是众人尤其是老北京人的香饽饽，爱新觉罗·恒兰还专门撰写了一本有关豆汁的书，书名叫《豆汁儿与御膳房》。人们为什么这么喜欢豆汁呢？一个主要的原因就是豆汁极富蛋白质、维生素C、粗纤维和糖，并有祛暑、清热、温阳、健脾、开胃、去毒、除燥等功效。

北京城里从哪年开始有了卖豆汁儿的呢？有好多种说法。

爱新觉罗·恒兰在其所著的《豆汁儿与御膳房》中，曾这样写道：乾隆十八年也就是1753年的夏天，民间一个作坊偶然发现用绿豆磨成的粉浆发酵变酸，尝起来酸甜可口，熬熟后味道更浓。于是，在民间开始饮用，逐渐在北京流行起来。

后来这种粉浆传到了皇宫中，深受乾隆帝的喜欢。乾隆帝还曾下谕："近日新兴豆汁儿一物，已派伊立布检查，是否清洁可饮，如无不洁之物，着蕴布招募豆汁儿匠二三名，派在御膳房当差。"于是，源于民间的豆汁成了宫廷的御膳。

其实不仅乾隆帝，极挑剔的慈禧太后也非常爱喝豆汁。传说慈禧幼年的时候，家就在北京的新街口。当时她家非常贫寒，经常吃不起蔬菜，为了补充孩子的营养，她母亲就经常用豆汁代替蔬菜。后来慈禧进宫后，就专门请人来御膳房制作豆汁。久而久之，豆汁成为当时清宫御膳的一种饮料。

照这么算来，北京人喝豆汁儿已有几百年的历史了。

虽然有几百年的历史，还是有很多人不知道豆汁的味道。早些年，京城有一个京剧非常火，这个京剧叫《豆汁记》，又叫《金玉奴》或《棒打薄情郎》。很多人看了，不知"豆汁"为何物，以为即是豆腐浆。其实，豆汁的制作工艺比豆腐浆要复杂得多。豆汁实际上是制作绿豆淀粉或粉丝的下脚料。它用绿豆浸泡到可捻去皮后捞出，加水磨成细浆，倒入大缸内发酵，沉入缸底者为淀粉，上层飘浮者即为豆汁。发酵后的豆汁须用大砂锅先加水烧开，兑进发酵的豆汁再烧开，再用小火保温，随吃随盛。

喝豆汁也讲究缘分。和豆汁没缘的外地人，第一次见到豆汁，就会被那味儿给弄晕了，犹如泔水般的气味使他们难以下咽，以致质疑怎么那么多北京人爱喝豆汁。

北京人通常会把喝豆汁当成是一种享受。他们第一次喝豆汁时也会难受，但捏着鼻子喝两次，感受就不同一般了。有些人竟能上瘾，满处寻觅，就是排队也非喝不可。

《燕都小食品杂咏》就曾记载说：

"糟粕居然可作粥，老浆风味论稀稠。无分男女齐来坐，适口酸盐各一瓯。""得味在酸咸之外，食者自知，可谓精妙绝伦。"

豆汁儿是具有独特风味的北京传统小吃，也是老北京文化不可缺少的一部分。北京人自有着对自己传统文化的赤胆忠贞，只要纯正的北京文化没有完全被外来文化异化掉，豆汁的味道就仍会在北京城里飘来荡去，让人心醉神迷。

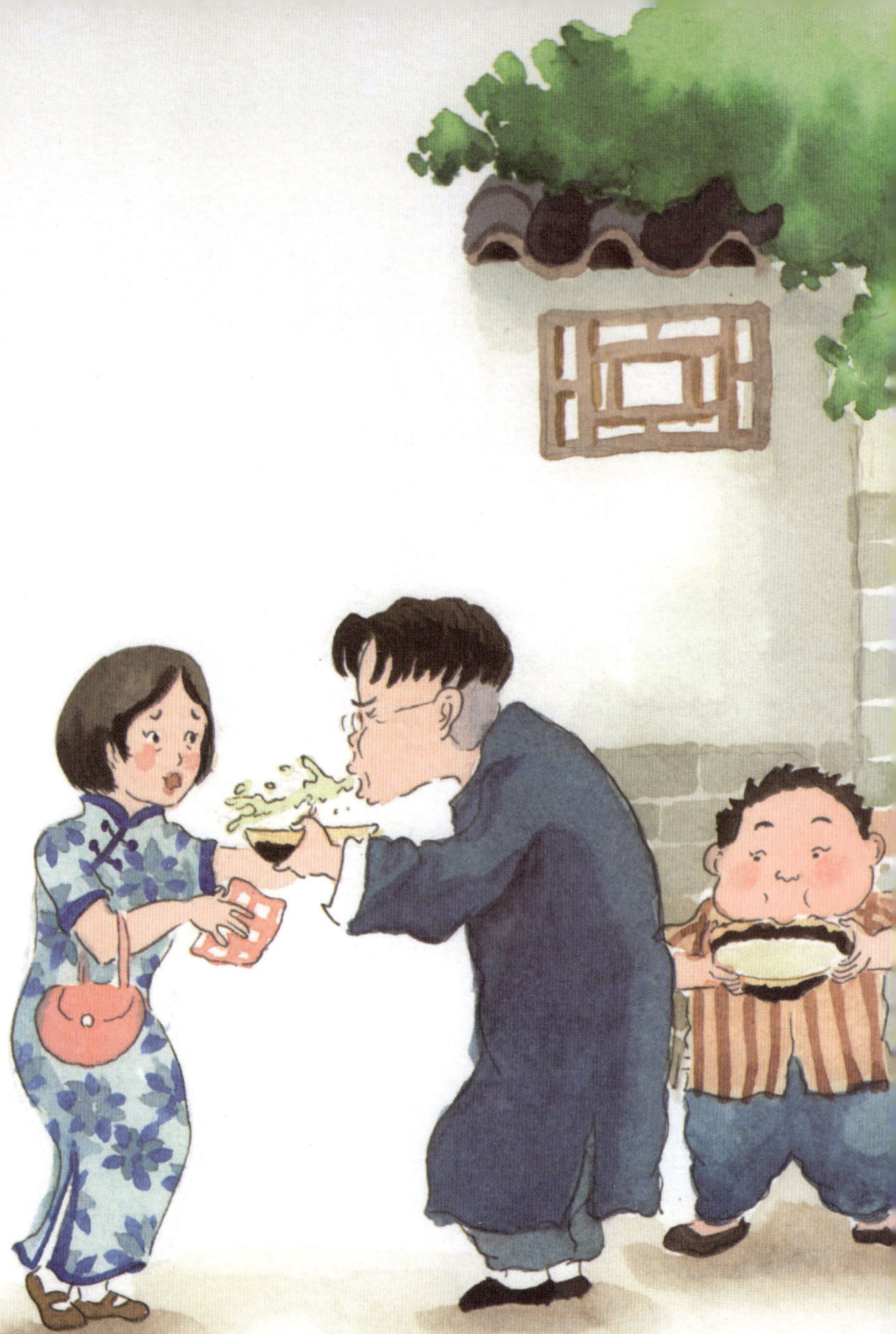

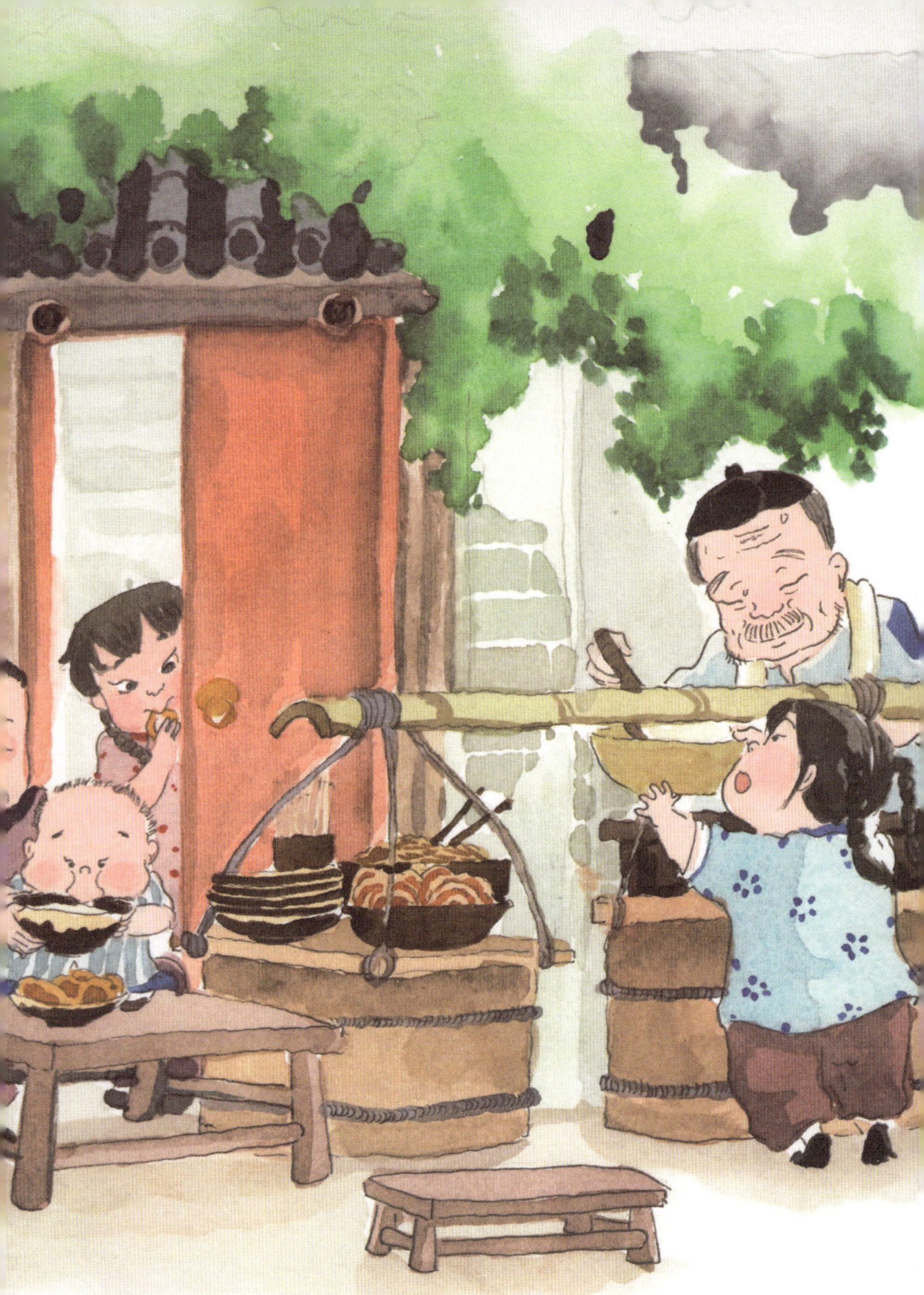

小窝头的由来

　　凡是去北海公园游玩的老北京人，都喜欢去仿膳饭庄去坐一坐。为什么要去那里坐呢？被"小窝头"吸引过去的啊！

　　一般窝头都为玉米面所制，但这里所说的小窝头不是这种，而是另一种原料制成的清代宫廷御膳小吃，它用黄豆、玉米加工成精细面粉，再加入白糖和桂花蒸制而成的糕点。其特点是上尖下圆，小巧玲珑，看上去像一个个金色的"小宝塔"；吃起来味道香甜，细腻滋润。因而，凡是游览北海公园的人们，都以去仿膳饭庄品尝脍炙人口的小窝头为快事。

　　黄豆、玉米都是民间常见的食物材料，以其为主原料的小窝头本来十分普通，为何却成为北京仿膳著名糕点的呢？说到其原因，不得不提及当年慈禧太后逃亡的那段历史。

　　八国联军入侵北京的时候，虽然义和团和北京军民都英勇抗争，但由于清政府的腐败无能，北京还是被攻克了。慈禧太后生怕出现闪失，便抛下皇宫，急忙领着贴身侍卫，化装成普通的老百姓，仓皇西逃。

由于走得特别匆忙，带出来的食物不多，没几天便吃完了。慈禧一行人不敢暴露自己的身份，不便向当地的官府部门求援，走的又都是荒山野岭，只希望能路过一户人家讨点食物来解饿。可是一路走下来，哪见到什么人家啊，周围尽是树林子、野山。慈禧饿得都快坐不住了，便连骂身边的太监无用，太监们个个都着急万分。就在这时，有一个名叫贯世里的随从，身上还留有一个从民间要来的玉米面窝窝头，便掏出来进献给了慈禧太后。俗话说："饱了喝蜜蜜不甜，饿了吃糠甜如蜜。"平时吃惯山珍海味的慈禧太后这时竟也将这粗劣不堪的窝窝头吃得津津有味，还连声称赞："好吃！好吃！世间怎么有这么好吃的物什呢！"。

很快，丧权辱国的《辛丑条约》便签订了，八国联军退出了北京。慈禧见八国联军退出了，便急急地又回到了北京，又过起了"吃香喝辣"的生活。

可是山珍海味吃得久了，难免会腻味，慈禧太后又想起了那又香又甜的窝窝头，于是命令御膳房赶紧做来给自己吃。慈禧太后的懿旨可把御膳房的一众厨师

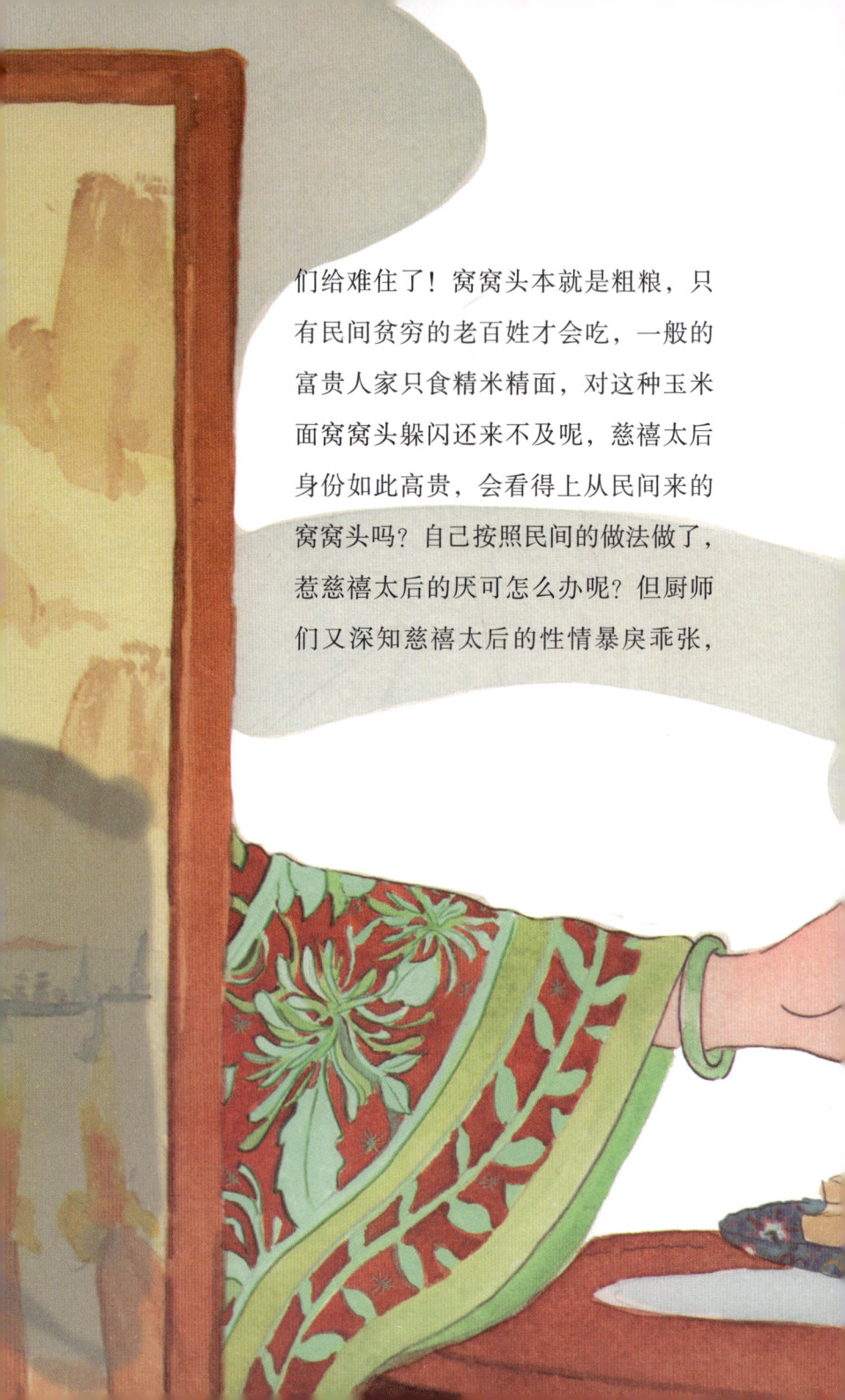

们给难住了！窝窝头本就是粗粮，只有民间贫穷的老百姓才会吃，一般的富贵人家只食精米精面，对这种玉米面窝窝头躲闪还来不及呢，慈禧太后身份如此高贵，会看得上从民间来的窝窝头吗？自己按照民间的做法做了，惹慈禧太后的厌可怎么办呢？但厨师们又深知慈禧太后的性情暴戾乖张，哪敢违抗旨意，于是便依照民间窝窝头的式样，另加进一些黄豆粉和大量白糖，还有桂花，精心制成了小窝头，松软甜美。慈禧太后吃了，果然喜欢。从此以后，小窝头便成了慈禧太后食谱上的一道菜。

　　清朝统治被推翻后，小窝头和其他清宫食品一样，流传到了民间，成为北京著名的风味小吃。

茶汤的由来

相信很多人都看过经典电视剧《四世同堂》吧！如果您看过的话，想必对祁老太爷到地摊上买兔儿爷的场景有点儿印象。在那一场景中有一个镜头，就是卖北京小吃茶汤的人在吆喝。只见那伙计拎着一把冒着热气的大茶汤壶，大铜壶金光锃亮，壶身铸有游龙，壶嘴是一个龙头的造型，龙头上面系着两朵丝绒花球，显得既古典又漂亮。大铜壶肚膛内点着煤炭，沿着肚膛盛水，茶汤就用烧得滚开的水直接冲入放有茶汤原料的碗内。由于盛水的大铜壶足有四十公斤重，所以冲茶汤的手艺人不仅要有熟练的技巧，手还要有劲儿，否则茶汤没冲好，反而易被烫伤。所以，一般冲茶汤的手艺人都是男子，但也有例外。

从名称由来上说，茶汤因用水冲熟，如沏茶一般，故名茶汤。如果说茶汤究竟起源于什么时候，那还真说不清。据传早在五百年前，明朝宫廷小吃中就有了茶汤的名号，有俗语为证："翰林院文章，太医院药方。光禄寺茶汤，武库司刀枪。"从中我们可以看到茶汤在明

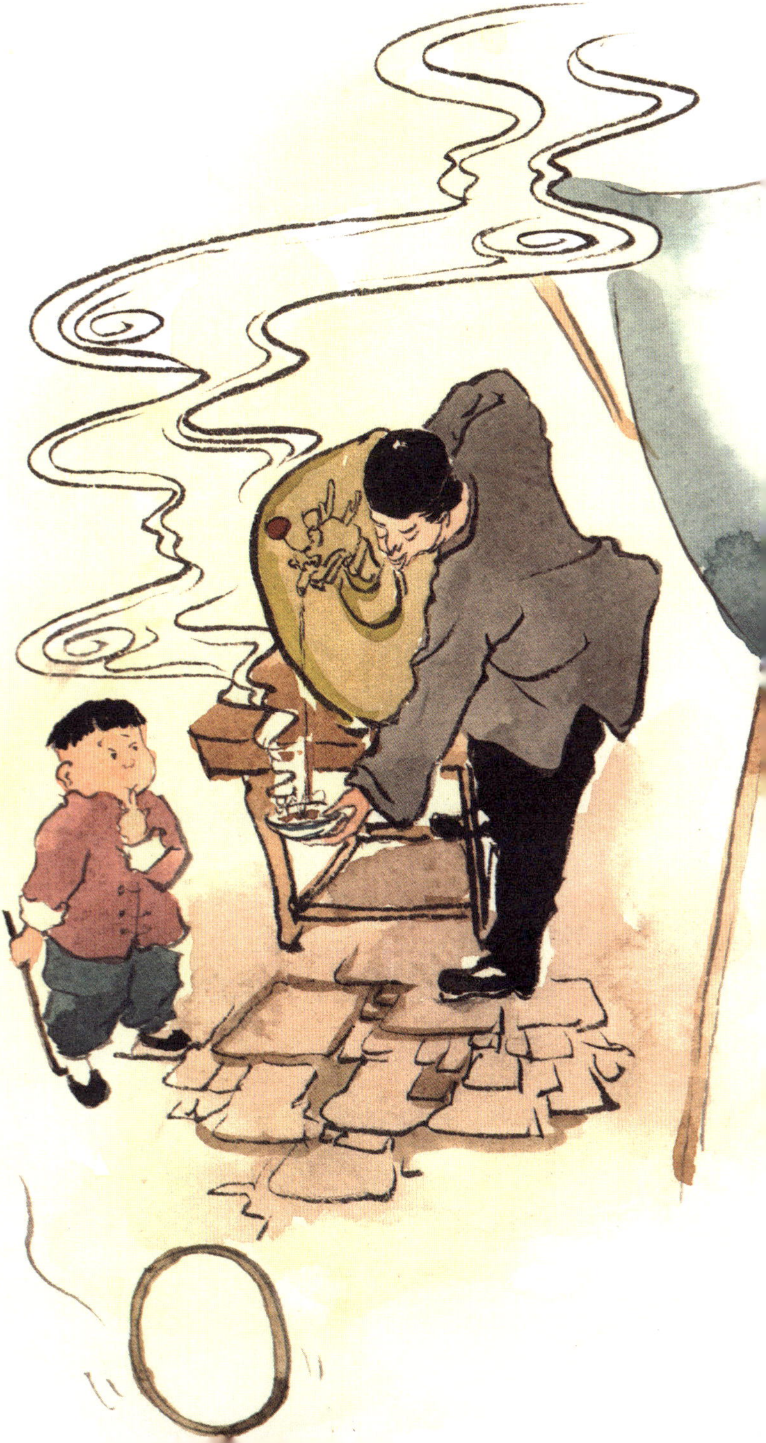

朝时期就已经风靡朝野。

如今，茶汤主要有山东茶汤和北京茶汤两种。其中，北京茶汤更是传统风味小吃，味甜香醇，色泽杏黄，味道细腻耐品，因用龙头嘴的壶冲制，所以又叫龙茶。清嘉庆年间的《都门竹枝词》中有"清晨一碗甜浆粥，才吃茶汤又面茶"的诗句。这首诗勾画出了旧时北京街头小吃的多样化，从中也可见当时茶汤的流行。

北京茶汤属于一种甜饮，和藕粉相似，原料是糜子面，用开水冲食。但它有一套冲制的技巧，非熟手不能完成：先把茶汤原料在碗内调好，放好糖与桂花卤；然后再在高大、体重的铜壶中装满滚开的水。售者一手执碗，一手扶壶柄，必须双脚撇开半蹲式，才能立稳。左手的碗，正好等在壶嘴边，等水一冲出，碗要随时变换距离，以掌握开水量来控制它的厚薄程度，并不使开水外溢，激出糖浆，这是技巧之一。右手要有足够的控制力量，开水一出壶口，正好注入碗内。要一次完成，才能冲熟茶汤，否则滴滴答答注水，茶汤必生，不能吃，那就亏本了。同时也要注意水出得猛的话，会浇在自己手上，烫了自己，也碎了碗，就更不合算了，这是技巧之二。所以卖茶汤没有这些技巧是做不了的。

酸梅汤的由来

酸梅汤,古时候被称为"土贡梅煎",是老北京传统的解暑饮品。在天气炎热的夏天,老北京人通常会买一些乌梅(或者杨梅)来自行熬制,里边放上些白糖去除乌梅(或者杨梅)的酸味,冰镇以后饮用。

酸梅汤的营养成分非常高,能清热解毒,安心止痛,甚至可以治咳嗽、霍乱、痢疾,对此项功能,经典神话小说《白蛇传》就曾有"乌梅辟疫"这一故事。

针对酸梅汤的功用和流行,民国时期的徐凌霄描述得最为形象,他在《旧都百话》中曾这样描写酸梅汤:"暑天之冰,以冰梅汤最为流行,大街小巷,干鲜果铺的门口,都可以看见'冰镇梅汤'四字的木檐横额。有的黄底黑字,甚为工致,迎风招展,好似酒家的帘子一样,使过往的热人,望梅止渴,富于吸引力。昔年京朝大老,贵客雅流,有闲工夫,常常要到琉璃厂逛逛书铺,品品古董,考考版本,消磨长昼。天热口干,辄以信远斋的梅汤为解渴之需。"足见酸梅汤在当时的流行。

说起酸梅汤的历史，可谓久远，可追溯到清朝乾隆时期。有诗为证，乾隆年间的诗人郝懿在《都门竹枝词》就曾写过这样的诗句："铜碗声声街里唤，一瓯冰水和梅汤。"

今天老北京人喝的酸梅汤是从清宫御膳房传到民间来的，所以，民间素有"清宫异宝，御制乌梅汤"这样的说法。

清朝时期，酸梅汤在皇宫内十分流行，乾隆皇帝尤其喜欢喝。很多人不禁会问，酸梅汤为什么在清宫这么受欢迎？其实这有着很深的历史渊源。

相传，满族十分喜欢喝酸的东西。当时的满洲人以狩猎为生，肉食是他们的主要食物。为了解除吃过肉食后的那种油腻味，他们发明了酸汤子这种满族食品。所谓的酸汤子，主要原料是玉米面，是玉米面发酵后做成的。满族人在吃完油腻的肉食后，再喝点清爽可口的酸汤子，无异于品尝到了人间美味。

后来满族人入关后，酸汤子也随之传到了北京城。由于生活的环境发生了变化，满族人逐渐放弃了狩猎的生活方式，所以其身体等方面也随之产生了变化。由于酸汤子的主要原料是玉米面，玉米面的糖分非常高，如果食用过多而运动量较少的话，身体里的糖分就会过高，从而转化成脂肪，增加身体体重，影响身体的健康。针对这一现象，素来喜欢喝酸汤子的乾隆皇帝便下旨改进。

御膳房的厨师们接到乾隆帝的旨意后，丝毫不敢懈怠，连夜进行研究，终于熬制出了能替代酸汤子的饮品，它就是我们今天所说的酸梅汤。

酸梅汤一经研发成功，就受到了乾隆皇帝嘉许，据说，乾隆皇帝每天都会喝上一碗酸梅汤。乾隆帝对酸梅汤的这份喜爱之情，再加上酸梅汤本身的味美、富有营养的特性，吸引了众多的老百姓来品尝酸梅汤，酸梅汤遂逐渐在民间流行起来。

涮羊肉的由来

说起涮羊肉的历史,可谓非常久远。相传,涮羊肉起源于元代,和元世祖忽必烈还有很深的渊源呢!

当年,忽必烈带领军队远征。途中大家又累又饿,一个个再也不想走了。忽必烈也非常饿,看到手下们的样子,便下令暂停休息。

看着手下一个个没精打采的,忽必烈心想,什么食物最能解乏、增加能量呢?突然他想到了家乡的名吃——炖羊肉。于是他吩咐伙夫赶紧杀羊烧火。

就在伙夫宰羊割肉的时候,有手下疾奔来报,说敌军已经逼近,形势非常危急。忽必烈听了非常着急,但又非常饿,心里一直记挂着吃羊肉。于是,他边命令手下继续撤退,边喊着:"羊肉!羊肉!"

伙夫知道忽必烈是个非常急躁的人,想吃羊肉那就得马上向他提供羊肉,可羊肉得一会儿工夫才能煮好啊,怎么办呢?伙夫想了想,马上想到了一个办法。只见他飞快地切了十多片薄肉,放在沸水里搅拌了几下,待肉色一变，马上捞入碗中，撒下细盐，送给忽必烈吃。忽必烈吃后，觉得很可口，接连几碗之后，翻身上马，率军迎敌，最终凯旋。

在和将帅们举行庆功宴时，忽必烈马上想起了之前吃的那道羊肉片，便命伙夫去做。伙夫选了上好的嫩羊肉，切成了薄片，再配上各种作料，还专门准备了一锅鲜汤，请忽必烈和众将帅们涮着吃。将帅们吃了，各个称赞不已。

伙夫见忽必烈喜欢，心里也非常高兴，便上前请忽必烈赐名。忽必烈一边涮着羊肉片，一边笑答："我看就叫'涮羊肉'吧，既形象也好听！"从此，"涮羊肉"就在皇宫里流行起来，深得皇帝们和嫔妃们的喜爱。

那么，涮羊肉又是如何传到民间来的呢？

相传在清朝光绪年间，北京名小吃店东来顺羊肉馆的掌柜的，为了使自己的餐馆更红火，拿钱贿赂了皇宫里的太监，请他从皇宫御膳房里偷出了涮羊肉的食谱。这掌柜的在御膳房食谱的基础上又进行了创新，逐渐开创了独具特色的涮羊肉，深受顾客的欢迎。涮羊肉这一吃食便在民间开始流传起来。

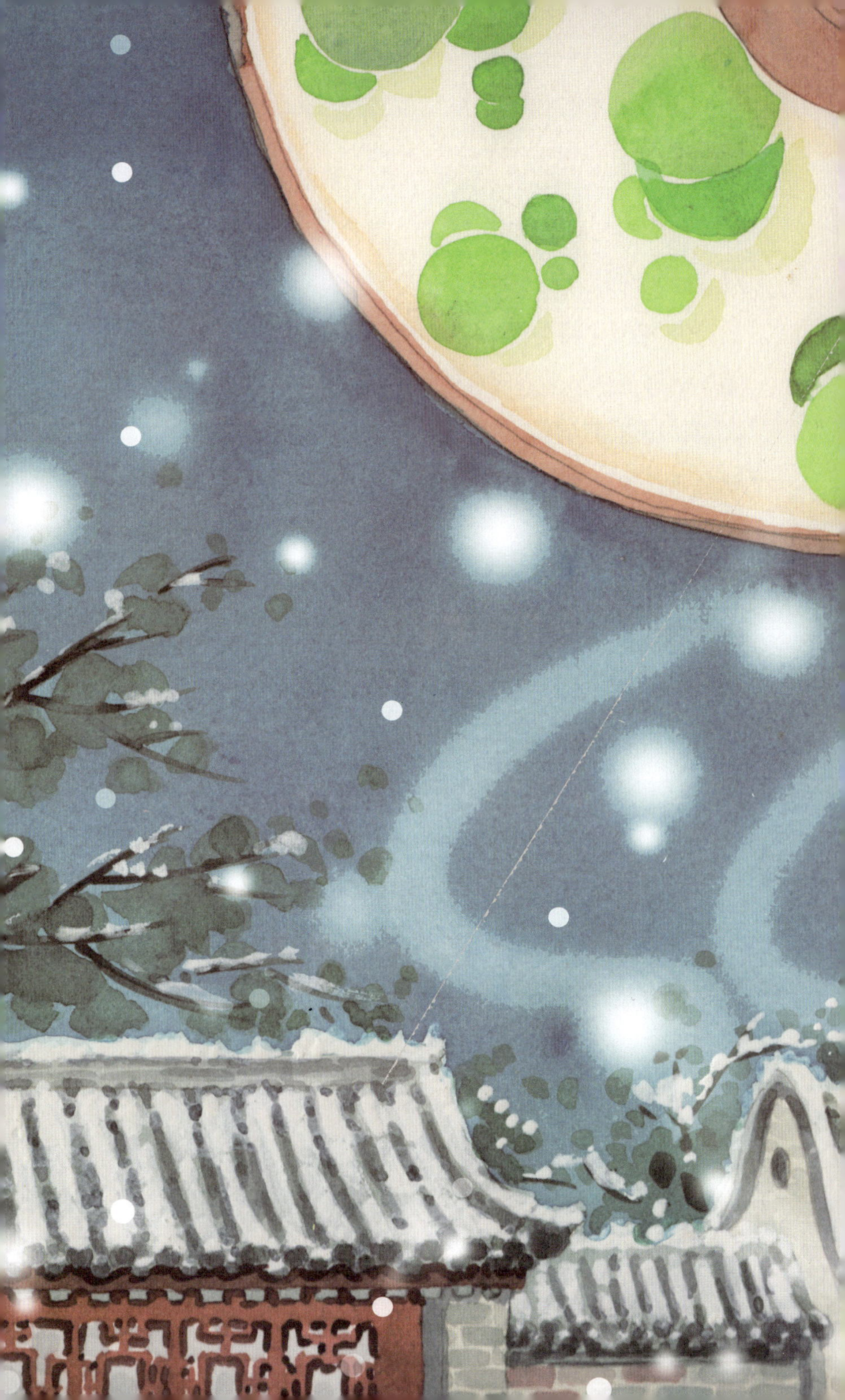

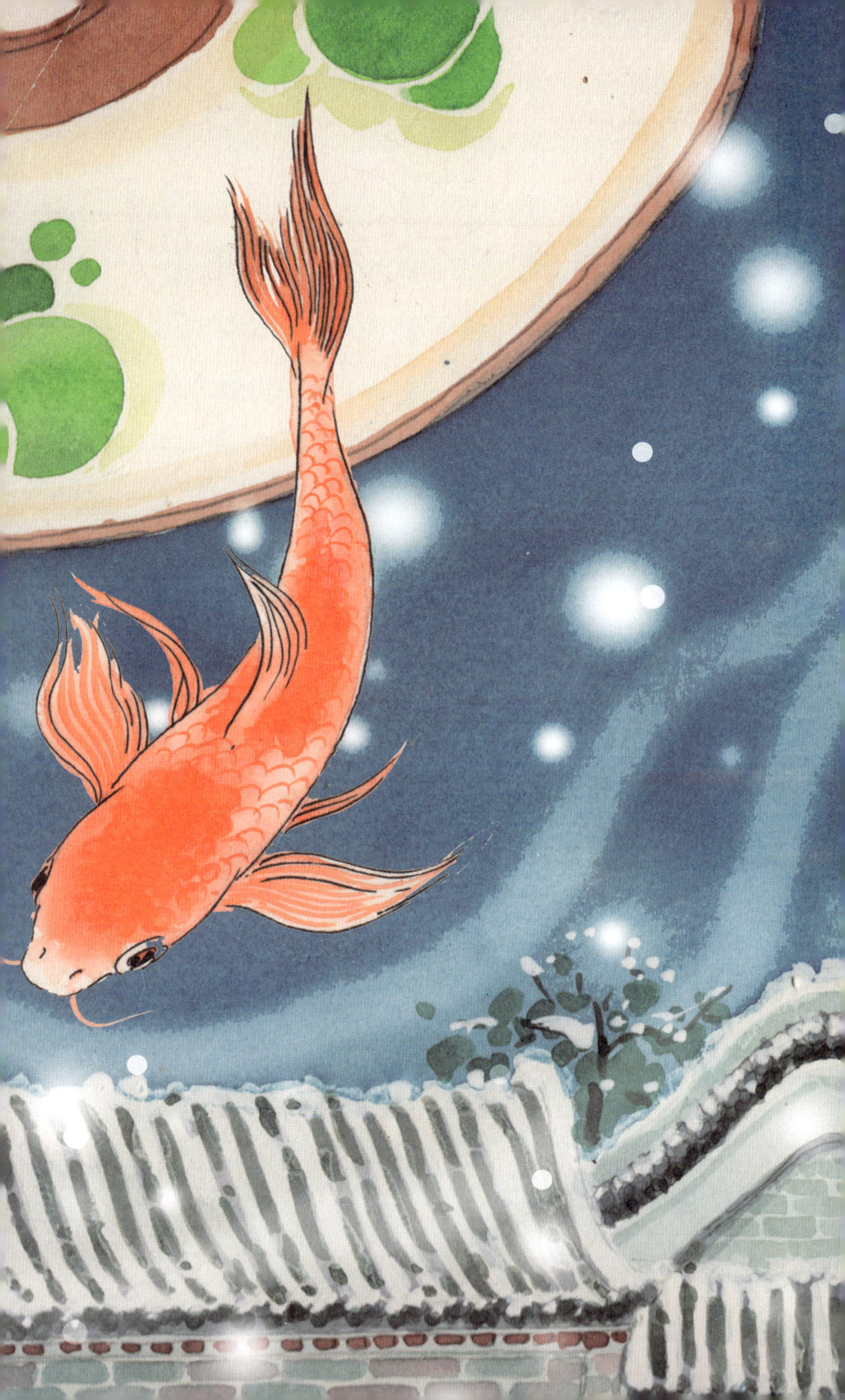

老北京的民俗玩意儿

在老北京，有很多民俗玩意儿非常流行，它们不仅给老百姓带来了欢乐，也装点了北京城，使北京城的古典味道更加浓厚。

兔儿爷。说起兔儿爷，很多人都非常感兴趣：粉白嫩生的小脸蛋儿涂一点胭脂，长长的白耳朵上描着浅红，小巧的三瓣儿嘴，细长的丹凤眼……活灵活现。兔儿爷是老北京城包括现在都非常流行的一种玩意儿，很多来自外国的游客专门去古老的北京胡同寻找它，买了带回家乡。因为他们觉得，兔儿爷是最具北京特色的风俗玩意儿。很多老北京人都记得这样的场面：一过七月十五，兔儿爷摊摆得满北京城都是。前门外、鼓楼前、西单、东四，到处都是大大小小的摊位，摊儿上搭着楼梯式的木架，上面摆满大大小小的兔儿爷，当时的人称这种现象为"兔爷山"。

皮影。在老北京城，除了兔儿爷外，最流行的玩意儿当属皮影了。皮影的主要制作原料是皮革，样式非常多变，每个人物都由头、上身、下身、两腿等共十一个部分连缀组成，繁复花纹雕刻细腻，造型考究，令人爱不释手。除了北京外，河北的皮影艺术也非常发达，但北京皮影与众不同的地方在于，它颇具独特性，每个人物都有自身独一无二的内涵，绝不会出现"一身多头"的现象。除此之外，北京皮影在用色上也非常考究，不仅大胆，而且对比浓烈。

毛猴。除了兔儿爷和皮影外，还有一种玩意儿在老北京广受欢迎，它就是毛猴。毛猴精灵可爱，且用料简单，可以被雕琢成千姿百态的芸芸众生，以物代猴，以猴代人，用以承载创作者对世间万象的感知和情怀。据"制猴专家"介绍，在毛猴作品的制作中，最难的其实不是制作毛猴本身，而是制作场景中的道具。因为毛猴本身很小，所以它们拿的、用的、吃的、玩的就更小，只有比例合适了，才会更真实。毛猴的身上不仅承载了老北京人对动物的喜爱，还有创作过程中老北京人身上那种执着、认真范儿。

冬虫。除了以上静态的玩意儿外，还有一种活生生的动物最惹老北京人喜爱，它就是昔日老北京人家随处可见的冬虫。所谓冬虫，就是指在寒冷的冬天依然

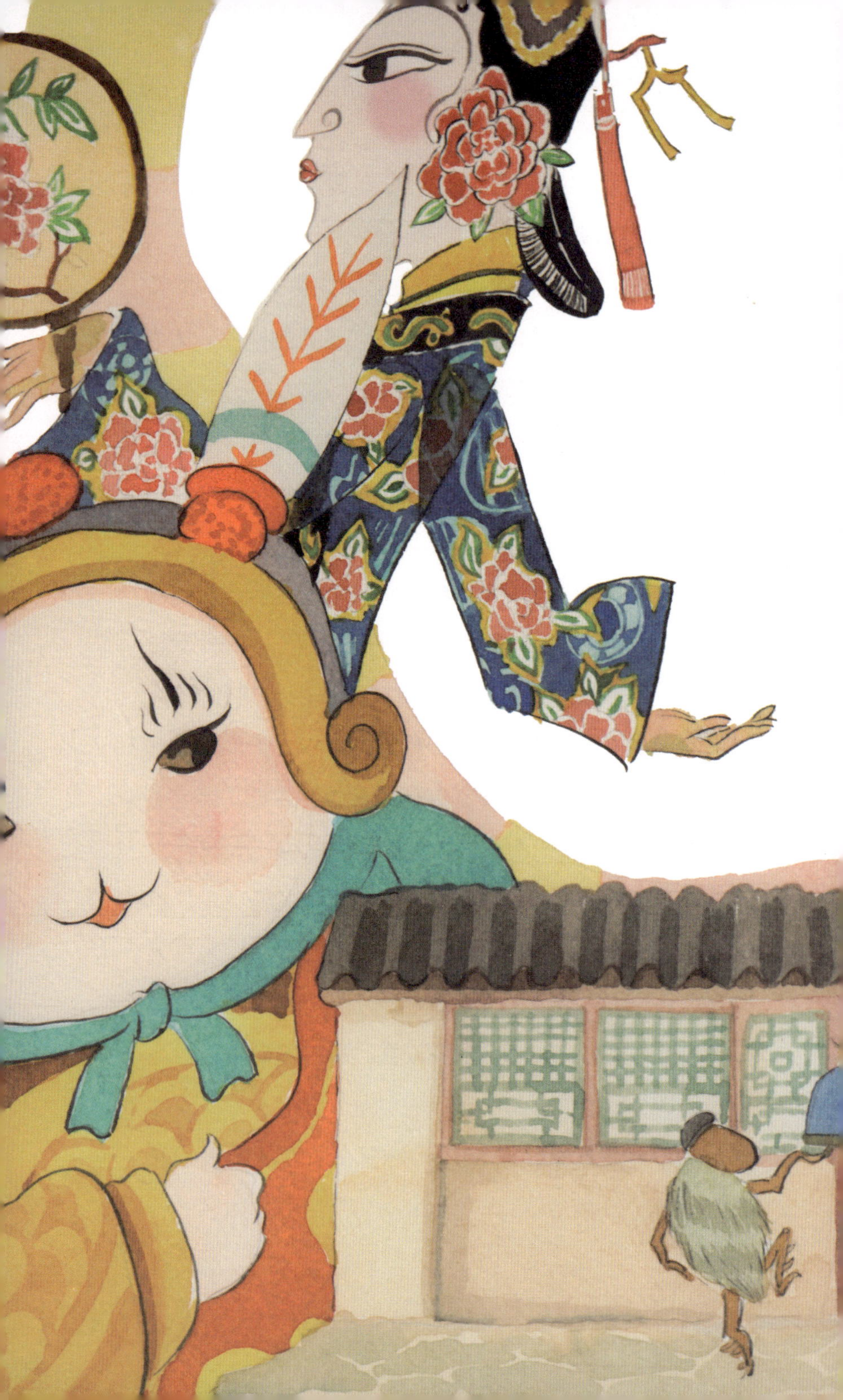

欢畅鸣叫的草虫。老北京人玩蝈蝈的历史非常久远，据史料记载，在明朝的时候就已经有了，明代袁宏道在《促织志》中曾说道："似蚱蜢而身肥大，京师人谓之聒聒，亦捕养之。"蝈蝈之所以被叫这个名儿，就是因为它的叫声里含有一种"蝈蝈蝈蝈"的音。蝈蝈的体积非常小，然而饲养起来却十分讲究。蛐蛐要放在葫芦里养着，为了让它们能叫得欢畅，葫芦还需要每天用茶水冲洗、晾干。